西南国际法学术文库

西南国际法学术文库

张晓君 周江 总主编

中国海上航运安全法律问题

张芷凡 著

本书系教育部人文社会科学研究项目"海洋强国战略下中国海上通道安全法律问题研究"（14YJC820079）成果

厦门大学出版社
国家一级出版社
全国百佳图书出版单位

图书在版编目（CIP）数据

中国海上航运安全法律问题 / 张芷凡著. -- 厦门：厦门大学出版社，2024.12. --（西南国际法学术文库）.
ISBN 978-7-5615-9603-6

Ⅰ. D922.296.4

中国国家版本馆 CIP 数据核字第 2024LA9525 号

责任编辑　李　宁
封面设计　李夏凌
美术编辑　李嘉彬
技术编辑　许克华

出版发行　厦门大学出版社
社　　址　厦门市软件园二期望海路 39 号
邮政编码　361008
总　　机　0592-2181111　0592-2181406（传真）
营销中心　0592-2184458　0592-2181365
网　　址　http://www.xmupress.com
邮　　箱　xmup@xmupress.com
印　　刷　厦门市金凯龙包装科技有限公司

开本　787 mm×1 092 mm　1/16
印张　10
插页　2
字数　202 千字
版次　2024 年 12 月第 1 版
印次　2024 年 12 月第 1 次印刷
定价　78.00 元

本书如有印装质量问题请直接寄承印厂调换

"西南国际法学术文库"编委会

(按姓氏笔画排列)

丁丽柏　　王玫黎　　宋云博
张晓君　　陈咏梅　　周　江
徐　泉　　殷　维　　梅　傲

序

随着"海洋世纪"的到来,海洋被赋予除"兴渔盐之利,行舟楫之便"以外更多的功能,在保障国家总体安全、促进经济社会发展等方面的战略地位更为突出。中国是陆地大国也是海洋大国,进入21世纪,中国在利用海洋资源、拓展海洋空间、维护海洋权益等方面进入了新的阶段。

受世界格局变化的影响,目前国际海洋秩序正面临着广泛而复杂的挑战,传统安全与非传统安全因素交织。作为海洋大国,中国的海洋利益深受影响。作为连接世界经贸往来最方便的方式之一,海上航运无论是在战略层面还是在经济层面已然成为关乎中国"海洋强国"战略和"海上丝绸之路"建设的重要环节,维护海上航运安全也成为维护国家海洋权益的题中之义。

受半封闭的海洋地理因素和沿岸国情势变化的影响,目前中国的海上航运面临着多重风险挑战。在传统航线上,特别是经由"海上丝绸之路"的航线中存在着海盗、海上恐怖主义等非传统安全的威胁。航线沿岸国国内局势、沿岸国对航道的管控、域外大国的战略干预等变量也可能对我国的海上航运安全产生负面影响。此外,北极航道的崛起给国际海运带来了新的命题,来自极端气候和环境的"绿色壁垒"对海上航运安全也造成了不同程度的影响。可以说,海上航运安全是一个具有多重属性的综合命题,它与航运风险治理、沿岸国法律制度、国际地缘政治等都有紧密联系。加之海上航运天然的风险性与脆弱性,要实现海上航运风险的治理,其核心在于维护海上航运的安全。这也是本书的出发点和着力点,具有现实意义。

与航运安全相关的法律问题是本书作者从读博士开始就持续关注与研究的选题。在本书中,作者结合晚近国际实践,着眼于海上航运安全风险,系统阐述了在现行海洋国际法治理机制下国家如何通过相关国际法规则维护合法的海上航行权益,如何在沿海国权利主张扩大化的背景下实现航道使用国航行权利与义务的平衡,进而提高中国参与海上航运安全合作的能力。此外,本书的论证是建立在对大量相关国际实践的分析和研究的基础之上的,其中包括国际法院案例、大量国际组织报告等，引著丰富，论述较为全面。在研究方法上，采用了案例研究、比较研究、条约解释法等方法，对材料进行了较为深入的剖析，为本书论证的说服力提供了基础。

习近平总书记指出："我们人类居住的这个蓝色星球，不是被海洋分割成了各个孤岛，而是被海洋连结成了命运共同体，各国人民安危与共。"在"人类命运共同体"理念的引领下，尊重规则、建立互信、合作治理才是国际社会共建海上航运安全秩序的路径所在。

作为本书作者的博士导师，在本书即将付梓之际，略致数语为序，希望这本书能为这一问题的探讨提供有益的观点。

张湘兰

2024年10月于武汉珞珈山

目录 CONTENTS

导 论 /1

第一章 海上航运安全的理论基础 /4
第一节 海上航运安全及相关概念的含义 …………………………… 4
第二节 维护海上航运安全的权利基础 ……………………………… 16

第二章 传统海上航道面临的航运安全挑战——以马六甲海峡为例 /32
第一节 航道使用对马六甲海峡航运安全的影响 …………………… 32
第二节 影响马六甲海峡通行安全的非传统安全因素分析 ………… 43
第三节 影响海上航运安全的港口因素 ……………………………… 69

第三章 海上新兴航路面临的航运安全挑战——以北极航道为例 /82
第一节 北极航运法律治理现状与问题 ……………………………… 83
第二节 北极航道法律地位争议下的海峡通行制度讨论 ………… 108
第三节 特别敏感海域制度对航行设置的"绿色壁垒" …………… 114

第四章 应对海上航运风险的路径与对策 /121
第一节 中国航运风险治理的法律路径 …………………………… 121
第二节 海上航运安全治理的政策路径 …………………………… 126
第三节 参与海上航运安全治理的国际合作 ……………………… 131

结 语 /142

参考文献 /144

导 论 >>>

航运是人类活动全球化的起点,从麦哲伦环球航行到今天,海上航运因其天然的联通功能已被纳入共生性的全球体系之中,它不仅深刻地影响世界经贸格局,也塑造着国际海上秩序。然而海上航运的脆弱性不容忽视,这种脆弱性主要体现在航运安全问题上。冷战结束后,随着世界政治、经济的不平衡发展,各国力量不断分化,国际关系正经历着二战以来最为深刻的变化。在全球经济一体化的背景下,海上航运和海上通道不仅仅是世界贸易的海上走廊和枢纽,同时也是国家间战略博弈的角力场。海洋安全问题在世界范围内呈现出前所未有的广泛性和复杂性,全球产业链、供应链韧性受到冲击,这些都给海上航运安全带来负面的影响。基于海上航运的重要性,世界各国都将海上航运安全问题视为本国重要的海洋利益之一。

我国是一个海陆兼备的大国,也是世界航运大国。海洋利益与国家利益息息相关。我国相继出台了一系列政策和文件积极推动海洋强国及海上航运安全的实现。2012年党的十八大报告首次提出"建设海洋强国"这一目标,《"十二五"规划纲要》明确提出"保障海上通道安全,维护我国海洋权益"的要求。此后,党的十九大报告和二十大报告都强调"加快建设海洋强国";《"十三五"规划纲要》明确要求"坚持陆海统筹,发展海洋经济,科学开发海洋资源,保护海洋生态环境,维护海洋权益,建设海洋强国"。2013年我国提出建设"一带一路"倡议后,又先后通过了《丝绸之路经济带和21世纪海上丝绸之路建设战略规划》《推动共建丝绸之路经济带和21世纪海上丝绸之路的愿景与行动》《"一带一路"建设海上合作设想》等系列文件,将维护海上航运安全、促进海上通道沿岸国的合作与建设"海洋强国"以及"一带一路"紧密联系起来。上述政策和文件是促进我国"海洋强国"建设以及维护我国海洋利益的纲要,彰显了我国对海洋安全、海洋经济、海洋环境等问题的立场,其中对海上航运安全的重视表明我国已从国家发展的战略高度对这一命题进行考量。

当前,中国经济社会的发展对于海上航运安全有着重大需求,通过法治手段保障我国合法的航运安全权益具有现实性和紧迫性。

从国家经济发展的层面,海上航运安全是我国经济可持续发展的重要保证。根据联合国贸易和发展会议《2023年海运报告》的统计,2022年全球海运总量达123.7亿吨,其中超过80%的贸易量和超过70%的全球商贸总额是通过海运来完成的,这一数据在一些发展中国家所占比例更高。① 由于世界石油、煤炭、铁矿等资源大部分经由海路运送,海运安全的重要性不啻于能源蕴藏和生产中心。中国是一个半闭海国家,没有直接进出大洋的海上通道,海洋地缘条件的先天不利更加凸显海上航运的重要性。我国的战略性自然资源进口以及对外贸易进出口所利用的海上通道均相对集中,这些重要航路承担了我国主要的进出口运载量。在上述航线上分布着很多重要的海上运输要道,如海峡、运河等,这些海上通道和主要航线的布局对中国的经济战略格局产生深刻的影响,一旦关键性的海上航路受阻,将会给我国海上运输带来巨大的安全威胁,对我国经济社会的稳定发展产生严重的负面影响。

从国家安全的层面,对海上航运安全进行法律规制是国家整体安全观在海洋法治领域的具体体现,也是应对和破解现有海上航运安全挑战的有效途径。中国的海上航线分布广泛,其中部分重要的海上通道所途经的地区具有重要的地缘战略价值。这些沿岸国国情复杂、安全情势交错,存在诸多影响航运安全的因素。随着中国对世界海运的深度参与,我国的海上航运不仅面临传统安全的威胁,也面临诸如海上恐怖主义、海盗、海上环境污染等非传统安全的威胁。值得注意的是,当前世界海上航运格局正悄然变化,传统海上通道如马六甲海峡等仍在世界航运中占有重要地位,北极航道等新航路的开辟也逐渐进入世界各国的视野。北极航道的开通对于北半球航运线路乃至战略布局都会产生潜在的影响。作为全球主要海运贸易国,中国不仅应关注在传统海上通道中的航运安全,也应当积极寻求在新兴海上通道中的安全利益。

如前所述,海上航运面对复合性的安全挑战,对海上航运安全的治理应当进行具有张力的、跨国际法、国际关系、地缘政治等多角度的研究。事实上,国际法特别是国际海洋法对规制海上航运行为的影响是巨大的。海上航运行为以及海上通道安全受到《联合国海洋法公约》中的航行权利以及通行规则的调整。本书试图在国际法框架下对海上航运安全问题进行分析,希望通过完善相关法律制度为实现航运畅通、构建良好的海上安全秩序提供规则支持。现阶段,中国颁布了一系列与海洋治理相关的法律,如《领海及毗连区法》《专属经济区和大陆架法》《海上交通安全法》《海洋环境保护法》等,但针对海上航运安全的国内法仍待丰富和完善。本书主要从国际法角度切入,兼顾国际关系、地缘战略等视角进行综合分析,将海上航运安全治理与国家利益有机结合,完善和构建我国航运安全的法律屏障,维护我国合法的航行权利,实现我

---

① See UNCTD, Review of Maritime Transport 2023.

国海上通道和航运通行不受制于人的目的,为保障我国海洋权益提供法律指引和政策支持。

本书运用的理论工具主要有国家利益理论、全球治理理论以及国际公共产品理论等。在国际层面,国家利益理论是指一个国家在国际上维持自身生存和发展,保障国家合法权益的各种要素的总和。维护国家的航运安全正是当前我国承担的重要责任,是保障国家海洋权益的重要手段。本书始终围绕这一中心,探讨如何通过完善相关法律规定,提升我国海上航行安全的法律应对能力,保障国家利益的实现。全球治理理论是指国际社会各行为体通过具有约束力的国际规制解决全球性公共事务以建立或维持正常的国际政治经济秩序。[1] 它强调在全球层面构建或实施的一种管理机制或制度规则,在不同行为体之间开展合作与协调。海上航运安全是世界各国面临的共同挑战,其安全风险来自不同领域和不同主体。实践中,海上航运风险容易外溢成为全球性公共事件,一个国家难以凭借单一的力量解决危机。本书借助全球治理理论为海上航运安全问题的法律规制提供了一种可能的路径。根据世界银行的定义,国际公共产品是指具有强外部性的跨界商品、资源、服务、规则系统或政策体制。[2] 海洋的国际治理被视作是国际公共产品之一,为世界各国提供航行资源。本书将国际公共产品理论应用于海上航行安全法律治理这一对象上,从制定和完善国际规则的角度探讨如何为国际社会提供航运公共产品,实现各国在海洋权益上的公平共享以及海上航运安全的责任共担。

人类利用海洋的丰富实践一再表明,航行作为海洋基本功能之一,其安全内涵随着海洋环境、国家主权、地缘战略等外部因素的变化而不断变化。将其与海洋法制度和国家安全进行系统关联,是解决海上航运安全法律治理问题的有效路径。当然,应当充分认识到海上航运安全治理的复杂性,多层次、多角度地分析现有海上通行中存在的问题,平衡海上通道沿岸国与使用国之间的权利义务,对海上航运安全问题进行类型化分析,全面认知国家在航行中的权利,才能提出具有实效的法律应对之策。

---

[1] 俞可平:《全球治理引论》,载《马克思主义与现实》2002年第1期。
[2] 石静霞:《"一带一路"倡议与国际法——基于国际公共产品供给视角的分析》,载《中国社会科学》2021年第1期。

第一章

海上航运安全的理论基础

第一节 海上航运安全及相关概念的含义

一、海上航运与海上通道的含义与特点

海洋是世界政治经济地理结构的重要部分,海上航运已经成为实现世界经济和贸易正常流转的主要环节,并在全球化的进程中起着关键性的作用。基于海上航运的重要作用,航运安全因此也成为国际社会广泛关注的问题。关注海上航运安全离不开作为海上航运载体和途径的海上通道,海上通道的畅通对海上航运安全起到至关重要的作用,特别是对于面临发展战略机遇期的中国而言,对其进行研究具有重大的理论价值和实践意义。

(一)海上航运及海上通道的定义

海上航运是指使用船舶通过海上航道在不同国家和地区的港口之间运送货物的一种运输方式,具有运力大、运费低、对货物适应性强的特点,在全球货运中有着得天独厚的优势。

海上通道作为海上运输的载体,是人类开辟的通过海、洋而连结世界各地的航

道。① 海上通道具有多重属性,一方面,它与太空、外空等都是具有公共属性的"国际公共空间",另一方面,在安全和战略意义上,海上通道具有深刻的国家利益属性。

在英文中用以表述海上通道的相关词语很多,如 sea lanes of communication (SLOC), seaway, sea corridor system, maritime strategic access 等。但目前学界对海上通道的概念表述各异,还没有形成统一的权威界定。而在实际运用中,海上通道往往同海上交通线、海上战略通道等概念互为关联,交替使用。那么海上通道作为一个综合的、多元的、集合的概念,对其可以从交通、地理以及战略等多角度加以解读。

第一,从经济地理学的角度考量,海上通道与海上交通线有着共同的特点。在经济地理学中"交通线"和"通道"两个词时常交替使用,"交通线"被作为连接国际、国内交通的线路,"通道"则被用于表述交通线所通过的地带。②《军事大辞典》将"海上交通线"定义为"国际间或一国内海洋上交通运输的航线"③。马汉在《海权论》中认为海上交通线是指舰队赖以同国家实力保持生存联系的运动线路。同海上交通线一样,海上通道连接世界主要的经济中心和生产基地,它作为通道的作用和价值体现为其所承担的运输功能。

第二,从战略的角度出发,海上通道与海上战略通道具有异曲同工之处。《海上战略通道论》一书将海上战略通道定义为:"对国家安全与发展具有重要战略影响的海上咽喉要道,海上航线和重要海域的总称。"④很多时候海上通道与海上战略通道所指相同,它们都强调海上通道的经济和战略价值。但不同的是,与海上战略通道强调海上航路的军事意义相比,海上通道还强调海上航线在运输中的价值,这种价值具体体现在:其一,海上通道强调保证重要战略物资和贸易干支线航路的运输畅通。其二,海上通道在地理上具有不可替代性,是航路必经之处和战略的保障。这种不可替代性一方面体现为该通道是地理意义上的唯一出口,另一方面从经济成本上计算,海上通道强调计算航程的合理长短、控制运输成本等。

第三,从地缘的角度看,海上通道本身就具有战略资源的属性。"获得制海权或控制海上要冲的国家掌握了历史的主动权。"⑤海上通道包含数量众多的岛屿、海峡

---

① 刀书林:《亚太海上运输通道地理界定和安全合作初探》,载中国现代国际关系研究院海上通道安全课题组:《海上运输通道安全与国际合作》,时事出版社 2005 年版,第 46 页。
② 陆卓明:《世界经济地理结构》,北京大学出版社 2010 年版,第 132 页。
③ 郑文翰主编:《军事大辞典》,上海辞书出版社 1992 年版,第 448 页。
④ 梁芳:《海上战略通道论》,时事出版社 2011 年版,第 11 页。
⑤ [美]罗伯特·西格:《马汉》,刘军成译,解放军出版社 1989 年版,第 148 页。

群等海上咽喉,它们扼守并控制世界主要的海上交通,对国家拓展海洋利益、形成海洋战略布局有重要的战略功能。

综上所述,可以认为海上通道是连接世界各地,对航运安全、国际贸易和国家战略利益有重要影响的海上航线、海峡以及海域的总称,其不仅承担全球货物、战略物资等的运输功能,还发挥战略支撑、物资补给等作用。

(二)重要海上通道的地理分布

据2019年美国《航运杂志》统计,海洋运输占国际运输比重的80%,作为海洋运输的载体,世界各国之间的交通和经贸往来很大程度上依赖于海上通道才能得以实现。全球重要的海上通道众多,它们沟通不同大洲、国家,具有分布广、线路长、数量多的特点。正因为如此,限于篇幅难以一一列举,在这一部分仅就与中国海上航运安全紧密相关的重要海上通道分布进行分析。

我国是海陆兼备的国家,但从地理和交通的角度来看,我国面临渤海、黄海、东海和南海,没有直接进出世界大洋的海上通道,这种不利的先天地理因素决定了海上通道对中国海上航运的重要性。在对外经济发展中,一些重要航线承担了中国主要的进出口运载量,在这些航线上分布着很多重要的海上运输咽喉要道,如海峡、运河等,这样的海上通道布局深刻地影响着中国的政治经济战略格局。了解并分析与中国利益密切相关的海上通道对经营和维护我国的海上通道安全具有积极作用。

海上航线是指船舶航行需要穿越一个或几个大洋的海上运输航路,它连接世界各大工业中心、资源产地和重要经济体,在世界经济体系中起着不可或缺的作用。目前影响我国的主要海上运输航线主要有:

1.东行航线

东行航线是我国与日本、北美及南美进行经贸往来的主要航线。该航线东出我国沿海港口,经大隅海峡或宫古海峡到达日本,再经太平洋抵达南、北美洲西岸,经巴拿马运河①到达加勒比海域和南、北美洲东海岸各港口。在航运实践中,东行航线又细分为北太平洋航线和南太平洋航线。北太平洋航线是指经日本、阿留申群岛到达美国、加拿大以及中美洲西海岸的航线。这条跨洋航线航程长约4500海里,连接东亚和北美两大贸易区,占中国对外贸易量的20%左右,同时也是重要的军事航线,具

---

① 巴拿马运河与苏伊士运河并称为世界上最具战略价值的两条人工水道。巴拿马运河横穿巴拿马地峡,是连接太平洋和大西洋的便捷水道。目前,中国从南美国家进口的铁矿石等战略物资大多从巴拿马运河通过,运河的安全对中国与南美的贸易有着直接的影响。

有航距较短、货载量大,经济作用与战略意义并重的特点。另一条南太平洋航线经日本群岛各海峡①,经关岛、夏威夷群岛至美国西海岸,再经巴拿马运河至中南美洲各主要港口,该航线主要连接中国与南美洲的货物往来。值得注意的是,巴西、智利等中南美洲国家是我国铁矿石和石油等战略物资的重要进口地,加之该航线上沿途岛屿多,便于避风和补给,这条航线有着潜在的重要战略价值。

2. 西行航线

西行航线是我国与中东、欧洲及非洲往来的航线。该航线承担着我国主要的石油进口任务,于是又被称为"石油航线"。西行航线中主要的石油航线有两条:第一条是经波斯湾出发,穿过霍尔木兹海峡②至印度洋,再经马六甲海峡抵达南海,将石油运至我国沿海各港口。这条航线进口石油量约占中国石油进口总量的70%,其重要程度可见一斑。第二条航线是从西非和东南非出发,经好望角、印度洋、马六甲海峡、南中国海至我国沿海各港口。此外,沿西行航线,从中国沿海港口南下穿过马六甲海峡到达印度洋,经曼德海峡③至红海,通过苏伊士运河④到达地中海沿岸,再经直布罗陀海峡可抵达欧洲。我国与欧盟的进出口总额在我国对外贸易中居前列,加之目前国际能源运输"西倾东移"的新趋势,因此这条航线对中国对外经贸和能源供给具有不可替代的重要作用。在西行航线中,马六甲海峡、霍尔木兹海峡、苏伊士运河、好望角、直布罗陀海峡在其中起到了交通咽喉般的作用。

3. 南行航线

随着"一带一路"倡议的推进,我国与东南亚各国及澳大利亚、新西兰等国经贸往

---

① 日本群岛诸海峡包括大小岛屿50多个,形成了海峡、水道20多处,其中的大隅海峡、吐噶喇海峡、宫古海峡等是东海与太平洋之间的重要通道,也是我国沿海诸港口东出太平洋必经的重要贸易航道。

② 霍尔木兹海峡位于亚洲西南部波斯湾与阿曼湾之间,沟通波斯湾与阿拉伯海,是波斯湾通往印度洋的唯一出口。海峡东西长约150千米,宽约56~125千米,平均水深70米,它是波斯湾石油运往东亚、西欧、美国的唯一海上运输通道,承担着全球近40%的石油出口供应,有"海湾的咽喉"之称。对中国而言,霍尔木兹海峡是中国从阿联酋、伊朗、科威特等海湾国家进口石油的必经通道,随着中国石油对外依存度的增大,霍尔木兹海峡对中国将有着更为重要的战略意义。

③ 曼德海峡位于红海南端也门和吉布提之间,长约18千米,宽约3千米,海峡因丕林岛横卧中部而分为两峡,近阿拉伯半岛的也门一侧,水深约30米,近非洲吉布提一侧,水深约323米。苏伊士运河开通后,曼德海峡随之成为具有战略地位的重要海上运输通道。

④ 苏伊士运河建成于1869年,运河总长约190千米,宽约320米,它沟通了红海与地中海,使大西洋经地中海和苏伊士运河与印度洋和太平洋连接起来,使欧亚之间的航运距离大为缩短。同时,苏伊士运河承担了世界约14%的航运贸易,中国同欧洲、北非间的海上贸易多经过该运河。在第一、第二次世界大战期间,苏伊士运河发挥了很大的作用,可以说它是一条兼具重要战略价值和经济价值的国际海运通道。

来增多,南行航线的重要性也日渐凸显。南行航线主要是从我国沿海港口南下经台湾海峡①、巽他海峡②至东南亚各国,再经新加坡海峡至大洋洲。该航线也是中国进口石油、铁矿石、橡胶等重要物资的必经航路。

4.北行航线

北行航线是指从中国沿海各港口出发,向北经朝鲜海峡③至朝鲜半岛沿岸及俄罗斯在远东港口的航线。该航线虽然只承担中国对外贸易量的5%左右,但值得注意的是,北行航线受地缘战略和政治因素的影响较大。

随着全球变暖,北极地区气温升高、冰层融化、冰冻区域减少为北极航线的开通提供了可能。北极航线又称北极航道,分为东北航道(the northeast passage)和西北航道(the northwest passage)。东北航道西起冰岛,经巴伦支海,向东穿过白令海峡,连接东北亚,长约2900海里。西北航道东起戴维斯海峡和巴芬湾,向西穿过加拿大北极群岛水域,经阿拉斯加北面波弗特海至白令海峡,将大西洋和太平洋连接起来,在西北航道中有七条潜在的可行航线,航行潜力巨大。北极航道的开通可使东亚、北美、欧洲的海上航行距离大为缩减。有学者指出,北极航道将有助于形成以俄罗斯、北美、西欧、东亚为闭环的环北冰洋经济圈,改变世界贸易和地缘政治格局。④ 北极航道的开辟对我国而言同样具有重要的战略价值。2017年,中俄领导人第一次提出"冰上丝绸之路"合作。2018年中国发布的《中国的北极政策》白皮书中正式提出"中国愿依托北极航道的开发利用,与各方共建'冰上丝绸之路'",将北极航道纳入"一带

---

① 台湾海峡位于福建、广东与台湾岛之间,呈狭长的东北—西南走向,北通东海,南接南海。海峡北口以福建省的海坛岛北端岸角—台湾岛富贵角一线为界,南口以南澳岛东南端至台湾岛鹅銮鼻一线为界。台湾海峡长约380千米,宽约130~230千米,水深40~1680米。参见总参谋部测绘局编制:《世界地图集》,星球地图出版社2006年版,第44页。

② 巽他海峡(Sunda Strait)位于印度尼西亚爪哇岛和苏门答腊岛之间,是沟通太平洋与印度洋的重要通道之一。长约150千米,宽22~100千米,水深约55米。巽他海峡呈东北—西南走向,由于该海峡平均水深较深,适合大型舰船通航。参见郭琨编著:《海洋手册》,海洋出版社1984年版,第17页。

③ 朝鲜海峡位于朝鲜半岛和日本九州岛之间,呈东北—西南走向,约300千米,宽约180千米,水深50~150米。朝鲜海峡沟通日本海和黄海、东海,是中国经黄海、东海进入日本海的唯一要道,海峡沿岸海岸线曲折,岛屿众多,是东北亚海上的交通枢纽,同时也是沿岸国家海军、空军的防守要地。在东北亚地缘政治结构中有重要地位,"谁控制了朝鲜海峡,谁就控制了东北亚的门户"。参见梁芳:《海上战略通道论》,时事出版社2011年版,第263页。

④ The Future of the Northern Sea Route: A "Golden Waterway" or a Niche Trade Route, https://www.thearcticinstitute.org/future-northern-sea-route-golden-waterway-niche/,下载日期:2022年4月23日。

一路"倡议,加强中国与航线沿岸国的合作,进一步拓展北行航线的航运能力。[①] 这将有利于疏解我国在南海的"马六甲困局"和东西向航线的运输压力,寻求更为经济、安全的海上通道。

(三)海上通道的特点

通过对与中国密切相关的海上通道进行梳理,我们可以了解到对现有海上航运具有重要节点作用的海上通道具有以下特点:

第一,海上通道的分布取决于世界经济生产能力的地域分布。经济因素一直是影响海上通道的重要指标,历史的发展早已证明,海上航线的消长与全球经济中心的转移、国家实力的变化紧密相连。伴随着外向型经济的发展,中国进出口航线拓展到了世界各地。与之相应的是,与中国密切相关的重要海上通道也成为影响地区战略平衡的焦点。

第二,海上通道航距长,运输风险大。这一特点是由中国的特殊地理位置所决定的,中国处于半封闭海的包围中,没有进出大洋的直接通道。上文所述的东、南、西、北四个方向的远洋航线,航程漫长,以东向航线为例,从中国至南美经行约10000海里,其间需要途经多处海峡、水道,加之海上运输时间常常持续几十天甚至几个月,海洋上自然风险巨大并伴随着难以预料的各种危险因素,这些都会增加海上运输的潜在风险,加大我国维护海上航运安全与畅通的难度。

第三,海上通道航线单一,可替代的航线较少。这是由中国的能源进口结构、地理位置所共同决定的。我国出海通道少,能源进口主要来自中东和非洲,新航线又一时难以开辟,这使得重要战略资源的运输过于依赖特定线路,一旦有极端情况出现将难以保障海上能源通道的安全。

第四,海上通道途经地区具有重要的地缘战略意义,安全情势交错复杂。以通往中东地区的航线为例,该航线上分布着多个重要海峡,如马六甲海峡、巽他海峡等。这些漫长的海上通道暴露在他国的控制范围之内,对我国的海上安全、社会稳定和战略布局均会产生消极的影响。同时海上通道所经海域沿岸国的局势也影响着海上通道的安全。近年来在民族主义与宗教矛盾冲突的激荡下,该地区恐怖活动频发,对我国在该地区海上航运的安全产生较大威胁。

---

① 国务院新闻办公室发表《中国的北极政策》白皮书,http://www.xinhuanet.com/politics/2018-01/26/c_1122320087.htm,下载日期:2023年8月23日。

二、海上航运及海上通道安全的内涵

(一)定义

仅就字面意思而言,根据《现代汉语词典》的定义,"安全"是指:"没有危险;平安。"[①]海上通道安全中的安全更多地源于国际关系中的安全理论。根据国际关系著名学者巴里·布赞的安全理论,从安全的威胁类型来看,大国政治、技术发展和突发事件是构成安全威胁的要素,[②]而随着社会的发展,安全威胁类型日益多样化。就安全涉及的对象而言,安全不仅包括人的安全,还包括社会秩序、国家、地区和世界安全。从安全的状态来看,安全是一种动态的状况,即安全状态会随着社会经济的发展而不断变化。综上所述,笔者认为安全是指个体或组织在生存与发展中免受外在因素威胁,不出事故的一种动态的、相对的状态。

海上通道安全从属于海上航运安全的范畴,深受自然地理状况、地缘政治和国际经济贸易等因素的影响。虽然目前学界对其给予高度关注并进行了许多有益的讨论,但在理论上对这一定义还没有形成统一的认识,也没有对其进行明确的界定。如前所述,海上通道是一个广义的、多元的、系统的概念,其包括连接世界各地的航线、海峡和海域。随着全球化的深入发展,世界航运格局不断演变,海上通道已经由近海航道扩展到穿越大洋、联系大洲之间的航运通道,这种变化给海上通道安全带来了更多不确定性。要对影响海上航运安全的因素进行有效规制,就必须明确安全的内涵。

因此,在明确"安全"的含义的基础上,结合我国海上航运与海上通道的特点,笔者认为海上航运安全和海上通道安全应当为广义的安全,指海上航运和海上通道不受威胁、不出事故的安全状态,不仅包含了个体与国家对海上通道安全的战略管控能力,也包括维护国际航运通畅、保证合法航行权利不被侵犯以及享有必要的通行便利等在内的制度性安全建设的要求。

[①] 中国社会科学院语言研究所词典编辑室编:《现代汉语词典》,商务印书馆2016年版,第7页。

[②] [英]巴里·布赞、[丹麦]琳娜·汉森:《国际安全研究的演化》,余潇枫译,浙江大学出版社2011年版,第54页。

(二)海上航运安全的内涵

从上文关于安全的定义出发,笔者认为海上航运安全主要包含以下几个方面的含义:

首先,海上航运安全是一种主动的安全,是一国国家安全在海上的延伸,它主要体现为国家经营、控制和维护海上航运活动和维护海上通道安全的能力,包括对海上通道权属争议的处置、对海上突发事件的解决以及对海上犯罪的打击与预防等。

其次,海上航运安全是一种动态的综合安全。它是指在航运过程中,航行活动保持安全畅通、不被干扰的一种良性状态。保障本国的航行权利和运输便利不被干扰、限制和侵犯,包括制定海上通行规范、保障各国船舶合法的航行权利、为国际航运提供便利的制度保障等。有学者曾提出"根据苏伊士运河和波斯湾的经验,沿海国家在海上通道内妨碍和阻拦船只通航的任何企图都将对该地区海上航线的安全构成威胁"[①]。

最后,海上航运安全是一种合作的安全,它需要国际社会的善意参与,促进海上航运安全,维护海上通道安全畅通对各国而言并非单边的、排他的"零和博弈",而是具有共享性的、开放的双赢合作。我国在推进"21世纪海上丝绸之路"和构建"海洋命运共同体"的过程中也更加强调区域海域的安全,期望通过区域及次区域合作共同实现海上通道安全和良好的海洋秩序。

三、维护海上航运安全的价值

在全球经济一体化的今天,海上航运和海上通道不仅是连接世界贸易的海上走廊和枢纽,同时也是国家间博弈的角力场。对中国而言,维护海上航运的安全在我国海洋发展战略中占据着重要的位置。

(一)助力我国经贸的良性发展

海上运输是世界经贸往来的海上生命线,海上航运维系着全球化的良性发展以

[①] 李瑞恒:《东亚海运航线的安全》,载季国兴:《中国的海洋安全和海域管辖》,上海人民出版社2009年版,第98页。

及产业链的全球布局,各国间的对外贸易在世界经贸中所占比重不断增大。对出口导向型和资源依赖型经济发展模式的国家来说,海上运输在其经济社会中占有十分重要的位置。2018—2023年,我国进出口贸易额从303100亿美元增加到417568亿美元。[①] 在进出口高增长的背景下,我国的航运能力也有了极大的提升。2023年我国港口完成货物吞吐量169.73亿吨,运输船舶30052.07万载重吨,[②]我国上海、宁波舟山、深圳、广州、青岛、香港、天津共七个港口位于世界集装箱码头吞吐量前十位。[③]

我国经济社会对海上运输的依存度很高,海上航运的安全成为关系我国经济贸易良性发展的重要问题。值得注意的是,我国战略资源进口以及对外贸易进出口所利用的海上航路均相对集中,一旦关键性的海上通道被其他国家阻截或运输船只遭到海上不确定因素影响而发生意外,都将会给我国海上运输带来巨大的安全威胁,也会对我国经济社会的稳定发展产生负面的影响。所以,确保海运安全是保障我国对外经贸良好发展的关键环节,其重要性不言而喻。

(二)实现我国海洋权益的必然要求

从国家战略层面来看,海上航运安全与国家海洋权益密切相关,时刻关系并影响着一国的海上利益。而国家海洋权益又是一个多元概念,按照领域划分可以分为海上政治利益、海上经济利益、海上安全利益、海上文化利益等。国家海洋权益是这些利益的总体体现和概括。我国是海陆兼备的国家,由于历史和文化等原因,我国的海上权益在相当长的一段时期内并未得到重视。进入20世纪90年代,随着改革开放和对外贸易的发展,经营海洋的意识逐渐发展起来。随着"一带一路"倡议的提出,建设"海上丝绸之路"使中国与海上通道沿线国家建立起更加深入的经济联系,海上干支航线增加,经贸往来频繁。基于此,海上航运安全更加成为牵一发而动全身的重要问题。从政治角度来看,一国对其海上航运的控制能力是其经济、外交、军事等综合实力的体现,是地缘博弈的结果;从国际法层面来看,维护海上航运安全是实现一国在现有国际法框架下的合法海洋权利的重要途径;从技术维度来看,海上航运安全是一国海上运输能力、船队建设、船旗国管理能力的具体体现。而国家海洋权益的具体实现便是以上几个方面的综合,因此,维护海上航运及通道安全直接关系到国家海上利益的实现和海上实力的提高。

---

① 商务部:《中华人民共和国2023年国民经济和社会发展统计公报》。
② 交通运输部:《2023年交通运输行业发展统计公报》。
③ See UNCTD, Review of Maritime Transport 2020.

(三) 拓展我国海上战略空间

早在两千多年前,罗马哲学家西塞罗就提出了"谁控制了海洋,谁就控制了世界"这一著名论断。无论是从经济角度还是从战略角度,海洋对国家利益都具有重要的意义。

随着中国经济向海外的不断扩展,国家安全观念也随之拓展,未来中国的安全战略必须高度重视海权在国家安全中的地位与作用。同时,随着中国国际地位的日渐提高,作为维护世界和平的一支重要力量,中国将越来越多地参与到国际事务中,如人道主义援助、国际维和、反恐与反海盗等。维护海上航运及通道安全,是中国海外利益与安全战略布局的重要组成部分。中国的海上航线大多经过海上冲突及危机频发地区,航运安全能力有待提升,以适应不断扩大的对外贸易和国家安全利益需求。此外,维护中国海上航运与航道安全的法律尚不健全,相关法律制度以及配套政策仍有待进一步完善。结合我国的发展实际,可以预见,维护海上航运安全将是推进我国海外战略布局的重要目标。

四、影响海上航运安全的因素

随着全球化和海洋技术的发展,各国对海洋的依存度变大,海上航运面临的安全威胁也因此日益增多。影响中国海上航运安全的因素复杂多样,归结起来,包括地缘政治因素、非传统安全因素,此外,调整海上航运安全的相关法律制度的确实性和法律规范的模糊性也是导致各国海上权利不能得到有效保障和实现的重要因素。

(一) 法律规定的缺位与模糊

《联合国海洋法公约》规定各国在海上航行时的权利义务。在实践中,合法航行权利的行使容易受到以下因素的影响,例如,法律规则的不明确导致各国在适用相关规则时对其进行任意解读或模糊解释,沿海国以环境保护为由扩张其管辖权等。以航行自由为例,《联合国海洋法公约》第58条和第87条规定所有国家的船舶在公海和专属经济区均享有航行自由,但是为了平衡各国的航行便利与沿海国利益,这种航行自由要受到"适当顾及"义务和"公海只用于和平目的"的限制。对于专属经济区航行自由,《联合国海洋法公约》仅规定"各国在专属经济区内根据本公约行使其权利和履行其义务时,应适当顾及沿海国的权利和义务,并遵守沿海国按照本公约的规定和其他国际法规则所制定的与本部分不相抵触的法律和规章",但并没有进一步明确适当顾及义务的具体内容以及履行方式,各国因对适当顾及义务的理解不同而出现争议的情形时常发生。美国所谓的"航行自由行动"就是利用《联合国海洋法公约》对海洋通行制度规定的模糊性,任意解释和滥用航行自由的行为。其所主张的"航行自由"与《联合国海洋法公约》规定的专属经济区航行自由相悖,本质是借行使航行权利之名,实现美国海洋战略利益的手段,事实上给相关海域内的航行安全带来干扰并容易引发危机。此外,在适当顾及义务下沿海国还会基于污染防控对航行自由进行不同程度的限制,对各国船舶的通行造成影响。例如,2002年,西班牙以保护环境为由,立法单方面禁止船龄超过15年的单船壳油轮在其专属经济区通行,摩洛哥规定船舶进入其专属经济区需要履行事先通知的程序。[①] 从法律角度看,以上问题可归因于海洋法相关规定存在不明确之处,只有进一步研究如何完善现有规则,明晰海上航行权利义务,各国才能充分维护和行使合法的航行权利,实现海上运输的安全有序,维护良好的海上航运秩序。

(二)地缘政治因素

英国有学者提出威胁海上航行安全及通道畅通的地缘政治因素包括:相邻国家对海上重叠区的争夺,沿海国基于国家利益对通道的控制以及沿岸国国内局势的影响。[②] 结合我国的具体情况来看,影响我国海上航行安全的地缘政治因素集中在以下几个方面:

第一,主权争端造成的安全困境。中国的领海和专属经济区中蕴藏着丰富的油气资源[③],尤其在南海区域,丰富的海上资源是引发南海各国主权争议的原因之一。而作为争端方的马来西亚、印度尼西亚正是扼守马六甲海峡、巽他海峡等重要海上通道的沿岸国。同时中日钓鱼岛争端使中国在东海也面临着重重压力。这些争议一旦升级为外交或军事行动,将会给中国的海上航运安全带来不确定的影响。此外,在北极航道上,俄罗斯、加拿大等北极国家对北极航道的主权进行争夺,造成了北极航道

---

① 房旭、郭东阳:《专属经济区航行自由适当顾及义务的履行研究》,载《交大法学》2024年第2期。
② Michael Leifer, The Security of Sea Lanes in Southeast Asia, *Survival*, 1983, Vol.25, p.16.
③ 《中国海洋能源发展报告2022》显示,2022年中国海洋石油产量达5862万吨,海洋天然气产量达216亿立方米。

海峡属性的争议,对各国在北极航道的通行形成了障碍。

第二,大国间的海上战略角力。以马六甲海峡为例,马六甲海峡重要的战略位置使域外大国觊觎马六甲海峡的控制权,通过开展安全合作演习、军事合作演习的方式,试图介入海峡事务。如日本参与马六甲海峡的"海盗与海上暴力活动紧急通报机制",美国与新加坡在马六甲海峡进行联合军演。另外,域外大国更通过建立驻外军事基地,以实现对重要海域的战略控制,如美国在新加坡建立的樟宜军事基地。有的大国甚至拟定海上封锁计划,试图对马六甲海域和东亚进行战略威慑。目前,随着美国、印度等国的战略挤压,中国东出太平洋以及南下南海方向的海上通道受到了一定的影响。

此外,沿岸国不安定的社会局势也是影响海上航运安全的地缘政治因素。不论在东南亚海域还是事端多发的中东地区,动荡的社会局势为民族主义、恐怖主义等不安定因素提供了"土壤"。自20世纪50年代以来,全球出现的12次石油供应中断事件,其中有11次与沿岸国社会局势动荡有关。[1]

(三)非传统安全因素

除地缘政治因素外,非传统安全也正日益威胁着国际海洋运输。这些非传统安全因素复杂多样,包括海盗行为、海上恐怖主义行为以及船舶安保事故等。目前,对中国海上航运产生影响的非传统安全威胁主要来自海盗和海上恐怖主义行为。海盗事件主要集中发生在西非、索马里海域、孟加拉湾、亚丁湾及东南亚海域等区域。国际海事局(IMB)统计数据显示,2023年全球发生的海盗劫持船舶事件为120起,较2022年增加了5起,这一趋势值得警惕。[2] 作为我国重要的海上通道,印度洋—南海航线承担了我国每年60%以上的石油运输量,在这一区域海盗、海上恐怖主义活动对我国影响尤甚。据亚洲地区反海盗及武装劫船合作协定信息共享中心的数据,东南亚海域2023年发生海盗及武装劫持船舶事件100起,其中包括99起既遂事件和1起未遂事件,较2022年增长了19%。[3] 有学者分析认为"由于政治动荡所导致的

---

[1] 陈沫:《国际油气市场大趋势及中国与中东国家的能源合作》,中国社会科学出版社2020年版,第97页。

[2] International Maritime Bureau, Piracy and Armed Robbery Against Ships 2023 Report, https://www.icc-ccs.org/reports/2023_Annual_IMB_Piracy_and_Armed_Robbery_Report_live.pdf,下载日期:2024年5月2日。

[3] ReCAAP Report 2023, https://www.recaap.org/resources/ck/files/reports/annual/ReCAAP%20ISC%20Annual%20Report%202023.pdf,下载日期:2024年6月1日。

地区安全控制力的衰落,东南亚海盗已经从普通的小海盗发展成为有组织的犯罪集团,甚至有些海盗集团还带有明显的政治目的。组织化、集团化、国际化成为当前东南亚海盗发展的主要方向"①。频发的海盗事件及恐怖主义行为使我国海上通道面临着极其严峻的安全困境,其负面影响集中表现在两个方面。

其一,与地缘政治等传统安全威胁不同,海盗劫掠、恐怖袭击等暴力事件的发生和产生的后果具有不可控性。国际社会难以对此作出准确预警和及时回应,其造成的损失和产生的负面影响难以估量。

其二,航运业经济成本的增加。有资料显示,受海盗袭击等因素影响,船运公司一年大约会损失150亿美元。② 特别是海盗和海上恐怖主义多发的海湾地区和印度洋地区,由于保险费和相关费用的激增③,海上运输成本增加,航运业受到极大影响。

在国际海洋运输中,非传统安全因素并不仅仅局限于恐怖主义和海盗,海上突发事件,如船舶安保事故的发生也会影响海上航运的安全,严重时可能会导致航道封闭。随着世界海运量的不断增长,各航线承担的货运量也同步增加,特别是在重要战略物资的进出口必经航路上,重要船舶流量和交通密度的增加使重要航线所在海域通航环境恶化,船舶交通事故频发。以新加坡海峡为例,据新加坡海事和港务局统计,2001—2019年在新加坡海峡发生了84起包括因船舶碰撞搁浅、失火爆炸、机械故障等原因造成的船舶交通事故。④

同时也应注意到,随着海上战略局势的复杂化,与领土相关的争议事项越来越和非传统安全问题结合在一起,成为影响海上航运安全的负面因素。

第二节 维护海上航运安全的权利基础

维护海上航运安全离不开调整海上运输活动的法律制度。有学者曾说过,"海洋法一直是由一个中心所支配:国家统治权力对海洋的控制和海洋自由观念之间的竞

---

① 朱华友、鞠海龙:《南海航行安全对世界经济的影响》,载《南洋问题研究》2006年第3期。
② Milena Sterio, The Somali Piracy Problem: A Global Puzzle Necessitating a Global Solution, *American University Law Review*, 2010, p.38.
③ 对于驶经海盗高发航线的高危航次,船运公司不仅要购买绑架和赎金险,还要额外支付船员辛劳津贴。
④ 王凤武、王哲凯、刘强等:《新加坡海峡船舶交通事故致因分析及对策建议》,载《世界海运》2020年第3期。

争。几个世纪以来两者之间的兴与衰的紧张态势反映了每一特别时期的政治的、战略的和经济的形势"①。航行权利是海上通行规则的核心所在,其从某种程度上反映出了海洋沿岸国和使用国间利益的博弈与衡平。只有完善清晰的法律制度才能为实现航运畅通、构建良好的海上航运安全秩序提供有力的支撑。

一、航行自由权利

(一)航行自由权利的源起

航行自由观念的形成可上溯至古罗马时代,由于受生产力的局限,当时人类海上活动范围仅囿于相当小的一部分海域,海洋无界以及海洋作为人类共有物的观念深植人心。在这一观念的引导下,个人和船舶享有在海洋自由航行的权利。其后,随着地中海以及欧洲海上贸易活动的频繁,作为欧洲各国进行海上贸易以及寻求海外殖民地的手段,海上运输活动受到关注,各国要求享有充分的海上航行自由权利,荷兰著名的国际法学家雨果·格劳秀斯的《论海洋自由或荷兰参与东印度贸易的权利》(简称《海洋自由论》)亦被看作是为寻求海上贸易利益而产生的海洋自由航行理论,由此,海洋自由和航行自由被广为接受。而与此同时,各国海洋主权意识日渐增强,海洋法意义上的"领海"概念亦开始萌发,16世纪意大利法学家就提出"沿岸海域是毗连海岸的所属国的领土的延续"②的观点,其后领海这一概念有了多种表述方式,如海水带、沿海水以及领水等,直至1930年海牙国际法编撰会议才将这些表述统一称为"领海"。1958年《领海与毗连区公约》正式确立了现代海洋法意义上的领海制度。同《领海与毗连区公约》一样,1982年《联合国海洋法公约》也对领海制度作了明确的规定,国家对领海拥有与领土相同的绝对不可侵犯的主权。广义上的自由航行权利,即绝对的航行自由在现有海洋法框架下受到了来自领海主权的限制,演变成一种有限度的自由航行权利。

---

① P. O'Conell, *The International Law of the Sea*, Clarendon Press, 1984, Vol.1, p.1.
② [澳大利亚]普雷斯科特:《海洋政治地理》,王铁崖、邵津译,商务印书馆1978年版,第27页。

(二)航行自由权利的含义

1.航行自由权利的范围

如上文所述,航行自由源于海洋自由。作为《联合国海洋法公约》规定的六大海洋自由权利之一,它被视为一项最核心和不可剥夺的海洋权利,不论在和平时期还是战争时期,都是被国际社会所普遍承认的。在现行的国际海洋法体系下,不同的海洋区域适用不同的航行制度。现有海洋航行制度主要有:过境通行制度、无害通过制度、群岛海域通过制度和自由航行制度。自由航行制度是指任何国家的船舶和航空器都享有航行和飞越的自由,是对基本航行权的肯定。根据《联合国海洋法公约》的规定,自由航行制度只适用于公海[①]、专属经济区[②]和大陆架[③],这就是自由航行制度的客体效力范围。同时,根据《联合国海洋法公约》的规定,每个国家均享有在上述区域无障碍地行驶悬挂其旗帜的船舶。船舶在这里包含了商船、军用船舶、公务船舶以及潜水艇等在内的多种航行器,这些均是享有航行自由权的主体。

2.航行自由权利的边界

航行自由一直以来被视为一项基本和不可剥夺的海洋基本权利,不论在和平时期还是战争时期,都是被国际社会所普遍承认的国际法原则。保障海运国的航行自由权利是维护海上通道安全的必要条件。而航行自由的充分实现、建立良好的海洋秩序与海上通行制度是密不可分的。自1609年格劳秀斯的《海洋自由论》问世以来,经过几个世纪的发展,特别是20世纪后半叶,伴随着自由贸易的兴起和全球化的不断深入,海洋自由已成为世界各国所共同接受的基本原则。1982年《联合国海洋法公约》以维护海洋自由为指导思想,规定了六大海洋自由。航行自由作为其中一项自由,它的实现离不开良好制度作保证。作为现代海洋秩序的基石,《联合国海洋法公约》对通行制度和通行权利均作出了具体的制度设计。经实践,在《联合国海洋法公约》框架下,各国的航行自由大都能得到较好的保证,但以"妨碍航行自由"为名侵犯沿海国合法权益的事件仍有发生。到底航行自由的边界在哪里,这个问题不仅关系到海运通道的畅通,也可能成为引发国际争端和冲突的诱因。

(1)海洋自由原则的演进与航行自由权利的发展

海洋作为人类的共同财产,海洋自由的观念古已有之。在罗马法中,海洋自由就

[①] 《联合国海洋法公约》第87条。
[②] 《联合国海洋法公约》第58条第1款。
[③] 《联合国海洋法公约》第78条第2款。

已作为法律原则被加以规定。① 随着生产力和航海技术的进步，通向非洲、亚洲的新航路不断被开辟，海洋已经不仅仅作为单一的资源供给体存在，更被视为重要的商贸运输通道，同时也是各国海上夺取霸权的重要条件。在这样的背景下，格劳秀斯在其经典著作《海洋自由论》中从自然法的角度出发提出了"海洋自由"的主张。这一主张的具体内容是海洋是不能占有的，不属于任何国家的主权，任何国家不能加以控制，它对不同的民族、不同的人，乃至对地球上所有的人，都应当是公开的，每个人都可以在海上进行自由航行和自由贸易，②即"所有人依国际法均可自由航行"，③"航海通道（如果被占有且得到承认）在不损害占有人利益的前提下，对所有的人开放，大家可以自由航行通过"。④ 虽然格劳秀斯的海洋自由观点是基于维护荷兰的海上贸易利益而提出的，但这一主张被多数学者接受并承袭。

经过几个世纪的不断发展，作为一项"演进且富有弹性"的原则，⑤海洋自由的内涵历经变化。一方面，海洋自由中"海洋"的边界逐渐缩小。早期学术界主要引用罗马法中的两个概念——无主物（Resnullius）、共有物（Res Communis）来论证海洋自由这一观点。在《法学阶梯》中，普拉赛迪努斯就认为"海洋无可争议地是所有人共有之物"。⑥ 到了中世纪，领海的概念还未出现，各国主张的海洋范围广大。在《海洋自由论》一书中，虽然格劳秀斯认为沿海国所管辖的海域不得漫无限制，应仅以与海岸相邻近的极小范围为限，但这并不妨碍他将"海洋"视为人类共有的公共空间。17世纪，沿海国对较小海域的主张成为近代领海制度的前身。到1958年《公海公约》的订立，海洋分为"领海"与"公海"两个部分，其中"海洋自由"的要求主要在公海的范围内得以集中体现。1982年《联合国海洋法公约》的签订确立了现行国际海洋法的基本制度框架，《联合国海洋法公约》将海洋划分为领海、毗连区、专属经济区、公海几个部分。依据其规定，传统意义上的海洋自由被适用于公海和专属经济区范围内。可以说，自19世纪以来的国际海洋法制度和实践不断证明了这一观点，即公海自由植基于海洋自由原则，其在属性上可视作强行法（jus cogens），各国间的条约不得与此原

---

① Christian Meurer, *The Program of the Freedom of the Sea—A Political Study in International Law*, Washington Government Printing Office, 1919, p.5.
② [荷]格劳秀斯：《论海洋自由或荷兰参与东印度贸易的权利》，马忠法译，张乃根校，上海人民出版社2005年版，第29页。
③ [荷]格劳秀斯：《论海洋自由或荷兰参与东印度贸易的权利》，马忠法译，张乃根校，上海人民出版社2005年版，第9页。
④ [荷]格劳秀斯：《论海洋自由或荷兰参与东印度贸易的权利》，马忠法译，张乃根校，上海人民出版社2005年版，第31页。
⑤ 黄异：《海洋秩序与国际法》，学林文化事业有限公司2000年版，第143页。
⑥ 徐国栋：《优士丁尼〈法学阶梯〉评注》，北京大学出版社2011年版，第167页。

则相抵触。① 另一方面,"海洋自由"的内涵日益延展。在《海洋自由论》中,囿于时代和生产力的限制,海洋在当时并不被视为经济财富的来源,所以此时的海洋自由主要限于航行自由和捕鱼自由。1958年《公海公约》对海洋自由作了新的解释。根据《公海公约》第2条的规定②,公海自由包括了航行自由、捕鱼自由、铺设海底电缆和管道自由以及公海上的飞行自由这四大自由。1982年《联合国海洋法公约》在《公海公约》的基础上,将海洋自由的内涵拓展到六大具体自由:航行自由、飞越自由、铺设海底电缆和管道自由、建造国际法所容许的人工岛屿和其他设施的自由、捕鱼自由和科学研究自由。值得注意的是,无论是《公海公约》还是《联合国海洋法公约》,在其英文文本中均以"inter alia"一词对公海自由权利进行不完全列举,这也体现出了海洋自由的动态属性,为新的海洋实践发展提供了制度上的留白。

(2) 国家海上管辖权对航行自由权的限制

虽然海洋被视为人类所共有的公共空间,但是随着人类开发利用海洋能力的提高,国家海上管辖权也随之发展起来。海上管辖权是国家获得的由国际法所赋予的对海洋及海洋事务进行管理的主权性权利,它突破了各国均无权管辖海洋的绝对海洋自由说。有关制度是平衡海洋利益、维护海洋和平秩序的重要制度。

正如法谚所云"没有无限制的自由",航行自由这一权利天然地应当受到约束,无论是1958年《公海公约》还是《联合国海洋法公约》,都原则性地规定了一国在享有航行自由的同时不应对沿岸国合法利益和良好的海洋公共秩序造成减损。

第一,公海上对航行自由加以限制的管辖权。公海上对航行自由加以限制的管辖权有两类:一类是普遍管辖权对航行自由的限制。普遍管辖权(universal jurisdiction)指"国家根据国际法对某些特定的国际罪行,无论罪犯的国籍如何,也不论其犯罪地何处,实行刑事管辖的权利。这种管辖权的基础不是属地管辖原则,不是属人管辖原则,也不是属地管辖原则的主观和客观适用,而是基于对国际和平与安全及全人类的利益的维护"③。在目前关于普遍管辖的立法中,有三种类型的普遍管辖分别是:以条约为依据的普遍管辖、代理管辖条款和以习惯国际法为依据的普遍管辖,④

---

① Ian Brownlie, *Principles of Public International Law*, 7th Ed, Oxford University Press, 2008, p.226.

② 1958年《公海公约》第2条:"公海对所有国家开放,任何国家不得有效地声称将公海的任何部分置于其主权之下。公海自由是在本公约和其他国际法规则所规定的条件下行使的。公海自由对沿海国和非沿海国而言,除其他外,包括:(1)航行自由;(2)捕鱼自由;(3)铺设海底电缆和管道的自由;(4)公海上飞行自由。所有国家行使这些自由以及国际法的一般原则所承认的其他自由时,都应适当顾及其他国家行使公海自由的利益。"

③ 王铁崖主编:《国际法》,法律出版社1995年版,第129页。

④ 朱利江:《对国内战争罪的普遍管辖与国际法》,法律出版社2007年版,第31页。

在《联合国海洋法公约》中所规定的普遍管辖权主要是以条约和习惯国际法为依据的。根据《联合国海洋法公约》第105条、第107条、第109条、第110条、第111条的规定,各国对于在公海上进行海盗活动、从事奴隶买卖、从事未经许可的广播等行为有权进行管辖,这些条款构成了《联合国海洋法公约》下的普遍管辖事项。一般而言,在国际条约中明文授予各国的普遍管辖权对缔约国具有强制性,[1]根据《联合国海洋法公约》的这项规定,无论哪国军舰都有权行使登临权对进行上述不法行为的外国船舶行使管辖权并采取司法措施,有利于维护公海以及其他国家管辖范围以外的地方的法律秩序。

除了上文中提到的普遍管辖权外,船旗国管辖也是对公海航行自由进行限制的管辖权。船旗国管辖是指各国对在其领土内登记并取得该国国籍的船舶以及船舶上的一切人和物及发生的事所实行的管辖,即"船舶在公海上,除了船舶所悬挂旗帜之国的权力外,不服从任何权力。基于公海自由的原则,也就是说,在公海上不存有任何领土主权,没有一个国家得对在公海上的船舶实施任何一种的管辖"[2]。《联合国海洋法公约》第92条规定:"船舶航行应仅悬挂一国的旗帜,而且除国际条约或本公约明文规定的例外情形外,每个国家对其在公海上航行的船舶具有专属管辖权。"由此可知,船旗国在公海上的专属管辖权客体是在公海上行驶的本国船舶,其管辖的范围包括公海上行驶的本国船舶内的民事、刑事以及船舶内部行政事项等。而船旗国行使管辖权的方式包括:临检、搜索、逮捕、扣押等。船旗国管辖的本质是一国基于属人管辖权进行的管辖,其在实践中常与方便旗船的管辖等问题联系在一起。

第二,沿海国专属经济区管辖权对航行自由的限制。专属经济区是《联合国海洋法公约》确立的新制度,沿海国基于属地原则对专属经济区拥有管辖权。根据《联合国海洋法公约》第58条的规定,外国船舶在沿海国专属经济区内享有航行自由、飞越自由、铺设海底电缆和管道的自由,以及与这些自由相关的海洋其他国际性的合法使用,但必须遵守沿海国的法律和规章,不能损害沿海国的权利。[3] 对《联合国海洋法

---

[1] Maria Gavouneli, *Functional Jurisdiction in the Law of the Sea*, Martinus Nijhoff Publishers, 2007, p.25.

[2] "Vessels on the high seas are subject to on authority escept that of the State whose flag they fly. In virture of the principle of the freedom of the seas, that is to say, the absence of any territorial sovereignty upon the high seas, no state may exercise any kind of jurisdiction over foreign vessels upon them." See Ian Brownlie, *Principles of Public International Law*, 7th Ed, Oxford University Press, 2008, p.318.

[3] 《联合国海洋法公约》第58条第3款:"各国在专属经济区内根据本公约行使其权利和履行其义务时,应适当顾及沿海国的权利和义务,并应遵守沿海国按照本公约的规定和其他国际法规则所制定的与本部分不相抵触的法律和法规。"

公约》第58条的规定进行分析,尽管公约本身对"沿海国的权利"没有作出详细的解释,但从公约的立法目的出发,我们认为这里所称的"权利"可以分为两类:其一,是指沿海国依据国际法而享有的主权性质权利,比如沿海国的安全利益及国家关于自然资源的主权权利不受侵犯等,①这种权利包括立法、提起司法程序等权利;其二,是指《联合国海洋法公约》所赋予沿海国的为维护主权权利而享有的执行管辖权,如登临、紧追②、检查、逮捕等。在具体的管辖权行使中,执行者一般为沿海国公务船舶、军用舰机以及由政府明确授权的人员或船舶。

根据我国《专属经济区与大陆架法》的规定,任何国家在我国专属经济区内的航行自由需要在合法使用海洋这一前提下进行,我国有权对在专属经济区和大陆架内违反国际条约和我国法律的行为采取必要的措施,依法追究法律责任。

(3)公海航行自由与专属经济区航行自由的分野

航行自由权利是变化的权利,它在不同的时期、不同的主客体效力范围内,内容也是不同的,不宜将这一权利绝对化。在理论和实践中,公海上的航行自由权与专属经济区内的航行自由权也是有区别的,两者不能等同。有学者就提出观点认为"专属经济区的航行和飞越等自由已不是传统的所谓公海自由,而是在公约所有有关规定限制下的自由"③。

限制公海航行自由的原则性规定主要来自《联合国海洋法公约》第87条第2款的规定,"这些自由应由所有国家行使,但须适当顾及其他国家行使公海自由的利益,并适当顾及本公约所规定的同'区域'内活动有关的权利"以及普遍管辖义务。这两种限制的来源是强行法和有约必守原则。

对专属经济区航行自由的限制则来自《联合国海洋法公约》第58条第3款的规定,即各国在专属经济区航行时不仅要根据本公约的规定履行应有义务,也要顾及沿海国的权利与义务。由此可知,这种限制不仅源自条约法中有约必守原则,也基于沿海国的"主权性"权利。而且在某种程度上,当沿海国的这种"主权性"权利主张与航行自由发生冲突,如外国船舶航行对沿海国海洋环境、渔业利用、修建沿海人工岛屿

---

① Zhang Haiwen, Is it Safeguarding the Freedom of Navigation or Maritime Hegemony of the United States? —Comments on Raul(pete) Pedrozo's Article on Military Activities in the EEZ, *Chinese Journal of International Law*, March, 2010, p.15.

② 《联合国海洋法公约》第111条第2款。

③ 邵津:《专属经济区和大陆架的军事利用的法律问题》,载《中国国际法年刊》(1985年)。

设施①等造成妨碍时,沿海国的"主权性权利"一般可以居于优先地位。这一观点可以从"威望"号事件中得到印证。② 2002 年,"威望"号发生漏油事故,法国、西班牙等国均限制船龄超过 15 年的油轮进入其所辖的专属经济区,摩洛哥还要求这种船舶进入其专属经济区之前必须进行事先通知。因此,《联合国海洋法公约》的规定以及具体实践均表明,外国船舶在公海享有的航行自由大于其在专属经济区所享有的航行自由。

(4)航行自由边界之探讨

如上文所述,植根于海洋自由的航行自由,在《联合国海洋法公约》中并没有一个明确的定义,由于条约规定的原则性与滞后性,导致具体实践中问题的发生,因此,对航行自由范围的明确对建立一个权利义务分明的通行权利制度将起到积极的作用。

第一,明确航行自由边界的必要性。尽管国家的海上管辖权以及《联合国海洋法公约》对海洋自由和航行自由作了一定的限制,但事实上有关航行自由的争端和讨论从未停止过。就中国而言,在公海和专属经济区内发生过多起因航行自由而引发的争议,如"银河"号事件、"鲍迪奇"号测量船事件、"无暇"号事件等。与此同时,还未加入《联合国海洋法公约》的美国对外坚持"绝对航行自由"并利用这一观点制造问题。在南海问题上,美国多次要求中国"尊重南海航行自由,采取负责任的行动",实际上相关实践可以证明,南海周边各国的航行、军事演习等自由都得到了保证,中国从未对南海各国的航行自由进行有悖于国际法的干涉行为。以上争议的发生,一方面是因为《联合国海洋法公约》规定的模糊性导致各国对航行自由具体内涵作不同解读,容易引发争议;另一方面则是美国利用航行自由问题介入亚洲事务,实现挤压中国的海上空间的目的。在这种情况下,明确《联合国海洋法公约》中航行自由的内涵,求得各国对这一问题的共识具有重要的现实意义。

第二,以"和平目的利用海洋原则"为前提。《联合国海洋法公约》在前言部分提到"通过本公约,在妥为顾及所有国家主权的情形下,为海洋建立一种法律秩序,以便利国际交通和促进海洋的和平用途,海洋资源的公平而有效的利用,海洋生物资源的养护以及研究、保护和保全海洋环境",这段话揭示了《联合国海洋法公约》"和平利用海洋原则"的主旨。《联合国海洋法公约》第 58 条"其他国家在专属经济区内的权利

---

① 《联合国海洋法公约》第 211 条第 5 款:"沿海国为了防止、减少和控制在专属经济区范围内对海洋环境进行污染的目的,可对其专属经济区制定法律和规章,以防止、减少和控制来自船只的污染。"第 6 款还规定了沿海国为保护海洋环境在专属经济区内设立"特定区域"的条件,在区域内沿海国可采取"防止来自船只的污染的特别强制性措施"。

② Anne Bardin, Coastal State's Jurisdiction over Foreign Vessels, *Pace International Law Review*, 2003, p.37.

和义务"以及第 88 条"公海只用于和平目的"可以看作是对前言部分的落实与呼应。这些规定要求缔约国在专属经济区和公海的各种活动,包括航行行为,均得符合和平利用之目的,因此航行自由理应受和平利用原则的约束。而自《联合国海洋法公约》生效以来,世界各国海洋技术尤其是水下导弹、电子侦查技术等有了很大的进步,海洋大国在公海、沿海国专属经济区进行的海上活动,包括为战备而进行的军事测量、数据收集等活动日渐增多。沿海国的专属经济区成为这些国家情报搜集的"阵地"。由于《联合国海洋法公约》对"航行自由"的界定语焉不详,各国从自身利益出发对航行自由作不同的解读,引发了如上文所列举的诸多争端,损害了沿海国正常的海洋权益,危害沿海国国家安全。

在这样的背景下,"和平利用海洋"这一原则对于界定航行自由的内涵有着重要的意义。根据条约法"目的解释论"的观点,即"对一个条约的解释应按照该条约意在达成的一般目的。该条约的历史背景、准备资料、该条约缔结时缔结各方的情况、企图对这些情况作出的改变、缔约各方在缔约以后适用该条约规定中的行动,以及解释条约时所流行的情况都应联系该条约意在达成的一般目的来考虑"[①],可以认为在《联合国海洋法公约》制定之初,海洋科技还远未达到今天这样先进的水平,缔约国在当时均不能预见到包括海洋水文测量、海洋资源开发等技术的迅速进步对航行的影响。因此,《联合国海洋法公约》没有对此作出详尽的列举是可以理解的。但《联合国海洋法公约》在前言中提出的"和平利用海洋"是当时各国缔约之目的,基于此,用这一原则来界定"航行自由"权利的边界是完全符合法理的。当然,与其他规定了"和平目的"的国际条约,如 1959 年《南极条约》、1967 年《外层空间条约》以及 1979 年《月球协定》相比,前述的这些国际条约不仅规定了条约仅用于和平目的,还明确禁止了建立军事基地和防御工事、进行任何类型的武器实验和军事演习等内容,[②]而《联合国海洋法公约》却没有对"和平利用目的"给予一个确定的限制。但《联合国海洋法公约》第 301 条规定:"缔约国在根据本公约行使其权利和履行其义务时,应不对任何国家的领土完整或政治独立进行任何武力威胁或使用武力,或以任何其他与《联合国宪章》所载国际法原则不符的方式进行武力威胁或使用武力",这一条规定可以被视作对"和平利用"目的的补充说明,即意味着他国在海洋活动中禁止非法使用武力,同时任何对沿海国有潜在武力威胁的活动也是有违和平目的的。由此结合现实情况,"和平利用目的"意味着其他国家在沿海国海域,包括领海、毗连区、专属经济区内的航行是须经沿海国同意的,不至于引发沿海国紧张、冲突并且顾及沿海国主权安全的航行活动。

---

① 李浩培:《条约法概论》,法律出版社 2002 年版,第 346 页。
② 高健军:《中国与国际海洋法》,海洋出版社 2004 年版,第 71 页。

第三,"适当顾及"机制下的优先效力层次问题。《联合国海洋法公约》规定"沿海国和其他国家在行使公约规定的权利和应履行的义务时,双方均应适当顾及对方的合理权利与义务",我们把这一规定称为"适当顾及"机制。该条款对权利义务双方的行为仅以"适当"二字予以原则性说明,使得该条款难以得到有效适用。那么当"航行自由"这一权利与沿海国国家安全利益相冲突时,如何判断哪一方权利更具优先地位,是明确航行自由含义和解决争议国权利冲突的重要问题。航行自由权利的范围因海域性质的不同也有所不同。根据习惯法,公海是国际社会的共有物,各国均有在公海进行航行、捕鱼等活动的自由,船舶只有在违反强行法和船旗国法时才能被管辖。因此,在公海上航行自由这一权利应得到优先保证。根据《联合国海洋法公约》的规定,其他国家在专属经济区拥有航行和飞越的自由,但沿海国在航行和飞越时也应遵守沿海国的法律。我国《专属经济区与大陆架法》也规定"任何国家在我国专属经济区内均享有航行、飞越自由,但要在合法使用海洋这一前提下进行。中国有权在专属经济区和大陆架对违反中国法律法规的行为采取必要措施,依法追究法律责任"。那么根据公约以及我国国内法的规定,在我国专属经济区内他国船舶要在"合法使用"我国海洋的前提下进行自由航行和飞越。而"合法使用"的内容则依照沿海国的解释,当然根据有约必守原则,沿海国的解释也必须是在不违反《联合国海洋法公约》权利义务的基础上进行的。而结合目前的争议来看,沿海国对他国在专属经济区的航行自由最大的担心在于影响沿海国自身的国家安全。对一国而言,国家安全是国家核心利益所在,也是国家主权原则所要积极维护的根本利益。国家主权原则是最基本的国际法原则,是一国享有国际法律地位的渊源,基于此,当他国在专属经济区内的航行自由与沿海国国家安全发生冲突时,沿海国国家安全利益应当优于航行自由权利。

但对于上文中所提到的外国船舶在我国专属经济区内进行对我国国家安全构成潜在威胁的活动,如抵近侦察、测量等,这些活动属于《联合国海洋法公约》中的剩余权利,较难将其定性。那么基于沿海国国家安全利益优先的考量,可以要求海洋使用国在进行军事测量活动前要经过沿海国同意并接受沿海国管辖,同时在测量过程中沿海国可通过派公务船舶进行跟踪等方式来解决这一问题。

二、无害通过权

无害通过权主要是外国船舶在沿海国领海航行时应有的权利,实践中商船的无害通过权一般都能够得到沿海国的保证。

(一)无害通过权的源起

无害通过权是与领海制度相伴而生的,其实质是一国通过是否准予他国船舶无害通过其领海这一方式实现维护本国各项海洋主权权益的目的。1635年,塞尔登在《海洋封闭》一书中提出:海洋并非在任何地方都是公有的,它可以被占领,同时首次提出了"无害通过"这一概念。① 在此后的实践中,特别是英国颁布《领海管辖权法》实行3海里领海制度的时期,虽然无害通过实践时有存在,但其并没有作为正式的国际法制度予以确立。1894年国际法学会在《关于领海制度的规则》中规定了"一切船舶无区别地享有经由领海的无害通过权"以及"军舰及军事船只不适用本规则",这是"无害通过"第一次出现在国际规则中。1930年国际联盟在海牙召开的国际法编纂会议上对无害通过这一问题进行了讨论。联合国成立后,1958年第一次联合国海洋法会议召开并制定通过了包括《公海公约》《领海与毗连区公约》《捕鱼与养护生物资源公约》《大陆架公约》在内的日内瓦海洋四公约,其中《领海与毗连区公约》在其第三部分正式确立了无害通过权。② 1982年《联合国海洋法公约》继承了《领海与毗连区公约》无害通过的相关内容,在第三节"领海的无害通过"中对无害通过进行了规定。

(二)无害通过权的含义

无害通过权是指非沿海国的船舶(不包括航空器)在不损害沿海国和平、安宁的良好秩序的情况下,可以无须预先通知或征得沿海国的许可而连续不断地通过其领海的权利。根据《联合国海洋法公约》的规定,所有国家,无论沿海国还是内陆国,其船舶都享有无害通过领海的权利,其具体内容有:第一,无害通过中的通过是指为了驶入或驶出内海的航行,或者是仅穿越领海而不进入内水的航行。第二,船舶必须连

---

① 陈德恭:《现代国际海洋法》,海洋出版社2008年版,第25页。
② 《领海与毗连区公约》第三部分"无害通过权"A款"适用于一切船舶之规则"中规定。第14条规定:"1.无论是否沿海国之各国船舶依本条款之规定享有无害通过领海之权;2.称通过者谓在领海中航行,其目的或仅在经过领海而不进入内水域,或为前往内水域,或为自内水域驶往公海;3.通过包括停船及下锚在内,但以通常航行附带有此需要,或因不可抗力或遇灾难确有必要者为限;4.通过如不妨害沿海国之和平、善良秩序或安全即系无害通过,此项通过应遵照本条款及国际法其他规则为之;5.外国渔船于通过时如不遵守沿海国为防止此等船舶在领海内捕鱼而制定公布之法律规章,应不视为无害通过;6.潜水船艇须在海面上航行并揭示其国旗。"第15条规定:"1.沿海国不得阻碍领海中之无害通过;2.沿海国须将其所知之领海内航行危险以适当方式通告周知。"

续不停地迅速通过,除非发生不可抗力、遇难或救助,不得停船或下锚。潜水艇通过时要浮出水面并展示旗帜。第三,无害通过须以不损害沿海国和平和良好秩序为前提。① 第四,无害通过无须事先通知或征得沿海国的许可。

无害通过的适用范围主要在领海②,但也不限于领海。《联合国海洋法公约》规定在其他情况下无害通过也可适用于特定的用于国际航行的海峡、内水和群岛水域,其具体规定为:

第一,适用无害通过的用于国际航行的海峡。《联合国海洋法公约》规定了外国船舶在特定的用于国际航行的海峡享有无害通过权的两种情形。一是第38条第1款中所指的情形,即"如果海峡是由海峡沿岸国的一个岛屿和该国大陆形成,而且该岛向海一面有在航行和水文特征方面同样方便的一条穿过公海,或穿过专属经济区的航道",这种情况下该海峡根据第45条第1款a项的规定不适用过境通行制度而应适用无害通过,如意大利的墨西拿海峡(Strait of Messina)。二是第45条第1款b项所指的"公海或专属经济区的一个部分和外国领海之间的海峡"适用无害通过,如连接地中海和大西洋的直布罗陀海峡(Strait of Gibraltar)。

第二,适用无害通过的内水。根据《联合国海洋法公约》第8条第2款的规定,"如果按照《联合国海洋法公约》第7条所规定的方法确定直线基线的效果使原来并未认为是内水的区域被包围在内成为内水,则在此种水域内应有本公约所规定的无害通过权"。

第三,适用无害通过的群岛水域。群岛国有权划定群岛直线基线,该直线基线内的水域即群岛水域,所有国家的船舶在通过这一水域时适用无害通过。③ 当然,这种无害通过仍需在通过国国家安全允许的范围内进行。

综上所述,无害通过权的核心在于维护通过国领海主权,适用无害通过的别国船舶的航行需"无害",即在遵守《联合国海洋法公约》、国际条约以及沿海国相关规定的

---

① 《联合国海洋法公约》第19条第2款规定了12种被视作损害沿海国和平、良好秩序的行为:"a.对沿海国的主权、领土完整或政治独立进行任何武力威胁或使用武力,或以任何其他违反《联合国宪章》所体现的国际法原则的方式进行武力威胁或使用武力;b.以任何种类的武器进行任何操练或演习;c.任何目的在于搜集情报使沿海国的防务或安全受损害的行为;d.任何目的在于影响沿岸国防务或安全的宣传行为;e.在船上起落或接载任何飞机;f.在船上发射、降落或接载任何军事装备;g.违反沿海国海关、财政、移民或卫生的法律和规章,上下任何商品、货币或人员;h.违反本公约规定的任何故意或严重的污染行为;i.任何捕鱼活动;j.进行研究或测量行为;k.任何目的在于干扰沿海国任何通讯系统或任何其他设施或设备的行为;l.与通过没有直接关系的任何其他活动。"

② 《联合国海洋法公约》第17条。

③ 《联合国海洋法公约》第52条第1款规定:"在第53条的限制下并在不妨害第50条的情形下,按照第Ⅱ部分第3节的规定,所有国家的船舶均享有通过群岛水域的无害通过权。"

前提下,航行行为不危害沿海国的和平、秩序与安全。

三、过境通行权

(一)过境通行权的源起

在《联合国海洋法公约》的规定中,根据所处水域位置的不同,海峡一般可以分为内水海峡①、领海海峡②、非领海海峡③以及用于国际航行的海峡。这些不同类型的海峡适用不同的通行制度。用于国际航行的海峡在国际海运中具有重要的价值,对此《联合国海洋法公约》为其设立了过境通行制度。

过境通行是在第三次联合国海洋法会议上经过与会国协商创立的一种新的通行制度,意在保障国家在特殊海域的航行权,具体含义是指以过境为目的,迅速不停地通过两端连接公海或专属经济区的一个部分和公海或专属经济区的另一部分之间用于国际航行的海峡。

(二)过境通行权的内涵

根据《联合国海洋法公约》第37条和第38条的规定,所有国家的船舶和飞机在公海和专属经济区一部分和公海及专属经济区另一部分之间的国际航行海峡中,都享有过境通行的权利。过境通行的主要内容包括:第一,毫不迟延地通过或飞越海峡。第二,不对主权国家的主权、领土完整、政治独立造成威胁。第三,除因不可抗力或遇难而有必要外,不从事其继续不停和迅速过境的通常方式所附带发生的活动以外的任何活动。第四,禁止非法使用武力或以武力相威胁。第五,在通行过程中,要严格遵守有关国际规则和沿岸国有关航行安全、海关、移民、卫生等的法律和规章。《联合国海洋法公约》第42条规定了海峡沿岸国在过境通行制度中的各项权利,包括制定关于过境通行的法律规章;为海峡航行制定航道、规定分道航行制;在未经海峡沿岸国事先允许的情形下,外国船舶也不得在海峡中进行科研、测量活动等。其中特

---

① 内水海峡是指位于沿海国领海基线以内的海峡,适用内水通行制度。
② 领海海峡位于沿海国领海之内,宽度不超过24海里,是领海的组成部分,适用无害通过制度。
③ 非领海海峡宽度超过24海里,两端连接专属经济区或公海,在超出领海宽度的海峡水域中,适用自由通行制度。

别规定了船旗国的损害责任条款,即享有主权豁免的船舶或飞行器在过境通过中如果不遵守《联合国海洋法公约》或沿岸国法律而对沿岸国造成实际损害时,其船旗国应对海峡沿岸国遭受的损失承担国际责任。可以说过境通行不改变海峡水域的法律地位,不影响用于国际航行海峡的法律地位,也不会削弱海峡沿岸国对这种海峡水域、上空和底土的主权。

在理解过境通行权时,有两点是值得注意的:第一,过境通行中"毫不延迟"的内涵。《联合国海洋法公约》仅在字面上规定了船舶在过境通行时应毫不延迟地通过,但是没有对其作出一个确切的解释。① 然而我们可以从实践和常理出发对"毫不延迟"作出一个合理的界定,即根据航道的天气、交通状况以及航行障碍的客观条件,船舶应采用与上述条件相适应的合理速度不间断地行驶,除非遇到不可抗力或事故,船舶不得在海峡中作停留。第二,海峡沿岸国不应妨碍或停止船舶的过境通行,并且对船舶和飞机的通行负有情况告知义务,"应将其所指的海峡内及其上空对航行或飞越有危险的任何情况妥为公布"②。第三,船舶和飞机在过境通行时不需要向沿岸国事先通知或得到沿岸国批准。潜艇和其他水下船舶在过境通行时可以不必浮出水面,保持其在水下的航行状态不改变。③

四、群岛水域通行权

《联合国海洋法公约》第 46 条将群岛国定义为"全部由一个或多个群岛构成的国家,并可包括其他岛屿"。群岛国外沿凸起的各点相互连接形成的直线基线向内一侧所包围的水域被称为"群岛水域",群岛国对其群岛水域享有主权,且该主权范围及于群岛水域的上空、海床和底土及其所包含的资源。在群岛水域通行制度制定之初,对于群岛水域的通行有三种意见:一是主张自由通过群岛水域,二是主张在群岛水域适

---

① Myron H. Nordquist(ed.), *United Nations Convention on the Law of the Sea 1982: A Commentary*, Martinus Nijhoff, 1993, Vol.2, p.341.
② 张海文:《〈联合国海洋法公约〉释义集》,海洋出版社 2006 年版,第 54 页。
③ Satya N. Nandan, David H. Anderson, Straits Used for International Navigation: A Commentary on Part Ⅲ of United Nations Convention on the Law of the Sea 1982, in Hugo Caminos (ed.), *Law of Sea*, 2001, p.70.

用无害通过,三是主张适用海峡通过制度。① 最后,《联合国海洋法公约》在第三种主张的基础上,规定了两种群岛水域航行制度,即无害通过和群岛海道通行权。船舶在群岛海道的通行权是指按照《联合国海洋法公约》规定,专为在公海或专属经济区的一部分和公海或专属经济区的另一部分之间继续不停、迅速和无障碍地过境的目的,行使正常方式的航行和飞越的权利,仅适用于群岛水域。相对于无害通过权,外国船舶和飞机在群岛水域中享有的群岛海道通过权更具有绝对性,群岛国无权拒绝,也无权暂时或部分地停止。同时《联合国海洋法公约》还规定群岛国应指定用作通过群岛水域或水域上空的国际航行或飞越的通道。在指定前,群岛国要向相关的主管国际组织提出建议,并且需要经其批准。例如,印度尼西亚在咨询澳大利亚、美国、英国、新加坡、泰国、马来西亚等主要的利益密切相关国以及国际民航组织、国际海道测量组织(International Hydrographic Organization,IHO)、国际海事组织(International Maritime Organization,IMO)后,在 1996 年第一个向国际海事组织提交了计划指定的 3 条北南航向的群岛海道建议案,并获得批准。② 这 3 条群岛海道分别是:(1)北出口指定了两条支线分别通向苏拉威西海和太平洋。南下经由马鲁古海—塞兰海—班达海,分为四条支线,通向印度洋、帝汶海和阿拉弗拉海。(2)苏拉威西海—望加锡海峡—弗洛勒斯海—龙目海峡—印度洋。(3)经南中国海—纳士纳海—卡里马塔海峡—爪哇海—巽他海峡进入印度洋,并在北出口指定了连通新加坡海峡一条支线。③

当群岛国没有指定航道时,外国船舶可以通过平常用于国际航行的航道,行使群岛海道通过权。在实践中,根据《联合国海洋法公约》的规定在下列海峡中航行时应适用群岛海道的航行权,如第一岛链上的巴林塘海峡、望加锡海峡、巴布延海峡以及巴拉巴克海峡等。④

关于战时群岛水域的通过权,《圣莫雷手册》在第二节"国际海峡和群岛海道"

---

① 1973 年英国在海底委员会提出《关于群岛国的权利和义务草案》,将群岛国比照海峡,分为两类适用不同的航行制度。一种是在《联合国海洋法公约》批准之前,群岛水域的某些部分已用为一部分公海与另一部分公海或与另一国领海之间的国际航行的线路,应视之为海峡,行使海峡"过境通行"制度。另一种为不属于上述群岛水域,应适用无害通过制度。陈德恭:《现代国际海洋法》,海洋出版社 2009 年版,第 121 页。

② Dhiana Puspitawati, The East/West Archipelagic Sea Lanes Passage through The Indonesian Archipelago, *Maritime Studies*, 2005, issue 140.

③ 刘星山、郑吉辉:《群岛水域制度与印度尼西亚的国家实践》,载《中国海商法年刊》2011 年第 22 卷第 1 期。

④ 梁芳:《海上战略通道论》,时事出版社 2011 年版,第 192 页。

中将战时群岛海道通过权与战时过境通行权一并予以规定,认为"不管中立国船舶还是交战国船舶都可以行使一般国际法规定的穿越和飞越中立国际海峡和群岛水道的权利"[①],这是海上武装冲突法对战时群岛水域通过权所作出的规定。

---

① 《圣莫雷手册》第23条、第26条。

第二章

传统海上航道面临的航运安全挑战
——以马六甲海峡为例

第一节 航道使用对马六甲海峡航运安全的影响

作为海上通行中重要的交通隘道,海峡在海上运输中占据着重要位置。对于依赖海峡的使用国而言,其负有的义务不仅限于在进行海上运输时依照《联合国海洋法公约》的规定在不同的海域适用相应的通行制度,它还应该遵守沿岸国和相关国际组织所制定的有关安全、环境等方面的法律、规章和惯例。在实践中,由于海峡特殊的地理位置以及沿岸国的具体情况不同,海峡沿岸国与使用国在日常海上通行中的权利义务分配不均会出现适用上的摩擦,影响航路的正常使用与畅通。在用于全球航行的十数个传统的重要海峡中,马六甲海峡通航历史长,承担的国际运输量大,面临的安全挑战多样化,可以说马六甲海峡所面临的安全问题基本代表了现有的国际海上通道所遇到的安全问题类型,具有代表性。因此,本书拟以马六甲海峡为例,探讨如何从国际法的角度,特别是在《联合国海洋法公约》相关规定的层面上保障通道安全,平衡沿岸国与使用国之间的权利义务。

一、马六甲海峡的法律地位

马六甲海峡位于印度洋北部,长约800公里,连接南海与安达曼海,是扼守亚洲、欧洲、非洲之间交通往来的海上咽喉,是东亚国家,尤其是中国进行对外商贸往来、航运和军事战略物资运输的必经通道,有"东方直布罗陀"之称。

经济地理学理论认为,一个地理位置的重要性取决于它与其他位置之间的关系。[1] 马六甲海峡在地缘战略上的重要性主要取决于来自东亚、东南亚、南亚及域外国家的战略力量在海洋上的扩展。具体而言,在经济上,随着中国、日本、韩国等东亚国家经济的发展,其对原油等战略物资的需求不断增大,马六甲海峡作为这些国家向中东、非洲进行原油进口航线中航行最便捷的水上通道,具有天然的战略价值和经济意义,每年通过马六甲海峡的交通量不断增加,马六甲海峡因此成为世界上最繁忙的海上通道之一。在地缘上,马六甲海峡地处南海,扼守印度洋与太平洋两洋,具有重要的战略意义,美国一直在马六甲地区保持军事部署并以军事合作的方式介入地区事务。基于马六甲海峡重要的经济和战略地位,马六甲海峡的法律地位与通行制度对海峡使用国应承担的航行权利义务有着重要的影响。马六甲海峡位于新加坡、马来西亚和印度尼西亚三个国家之间,从16世纪开始,因其重要的航运地位,先后被葡萄牙、荷兰、英国和日本占领,二战后马六甲海峡的主权和控制权才重回沿岸三个国家。从地理上看,马六甲海峡呈西北—东南走向,纵贯印尼、马来西亚和新加坡,其中马六甲海峡的近一半水域属于马来西亚领海的范围。1960年印度尼西亚公布了群岛法(Archipelago Act),宣布群岛直线基线内的水域为内水,将其领海宽度扩大到12海里,此后马来西亚在1969年也宣布其领海宽度为12海里。如果按印、马两国的主张,马六甲海峡的部分航道就成为两国各自的领海,直接后果就导致1971年新加坡、印度尼西亚和马来西亚三沿岸国发表联合声明,宣布马六甲海峡不是国际海峡,新、印、马三国共管马六甲海峡和新加坡海峡事务,共同维护马六甲海峡的航行安全。[2] 该声明同时承认了各国船舶享有无害通过权,但飞机飞越时需经批准,军舰通过时应事先通知。1977年三国又签署了《关于马六甲海峡、新加坡海峡安全航行的三国协议》,重申了上述原则。1982年《联合国海洋法公约》在第三部分确立了马六甲海峡作为用于国际航行的海峡的法律地位,同时根据《联合国海洋法公约》第38条的规定,各国船舶在通过马六甲海峡时享有过境通行的权利,新、马、印三个沿岸国对马六甲海峡所应行使的主权及管辖权不受影响。

二、航运活动对马六甲海峡航行安全的影响

正如上文所述,不论从经济的角度还是地缘的角度,马六甲海峡都被认为是世界

---

[1] 陆卓明:《世界经济地理结构》,北京大学出版社2010年版,第338页。

[2] Michael Leifer, Dolliver Nelson, Conflict of Interest in the Straits of Malacca, *International Affairs*, 1973, Vol.49, p.190.

上最为重要的海上交通要道之一。它承担了世界近1/3的原油运输量以及30%的航运总量。① 随着经济的发展和航路的不断拓展,近年来通过马六甲海峡的船只不断增加,并呈逐年上升趋势(表2-1)。

表2-1 通过马六甲海峡的船只数量统计(2010—2019年)②

年份	船舶交通量/艘次
2010	127299
2011	127998
2012	130422
2013	139417
2014	134883
2015	132922
2016	138998
2017	145147
2018	140768
2019	138297

从表2-1可以看出从2010年至2019年10年间通过马六甲海峡的船舶累计135万余艘次,海峡承担的货物运输量之繁重可见一斑。而据Lloyd's MIU的报告,在通过马六甲海峡的船舶中,日本籍船舶居第一位,德国籍、希腊籍船舶依次居第二、第三位,新加坡籍与中国籍船舶数量相近,分别居第四、第五位。考虑到中国船舶国籍采用封闭登记制度,中资船舶悬挂方便旗的比例很大,因此若以实际船东国籍计算的话,在通过马六甲海峡的船旗国中,中国所占比例会更高。

尽管作为连接中东原油生产国和东亚重要进口国之间最为便捷的航路,通过马六甲海峡的航行也并不被认为是完全安全的。从自然条件来看,海峡的水深为25～113米,自东南向西北递增,靠近马来西亚一侧水深为25.6～73米,拥有2.7～3.6千

---

① Dikdik Mohanad Sodik, The Indonesian Legal Framework on Navigational Aids, Shipping Telecommunications and Ocean Shipping Lanes for Navigational Safety in the Straits of Malacca and Singapore, *Ocean Yearbook*, 2015, Vol.29, p.598.

② 数据来源:马来西亚海事局网站,http://www.marine.gov.my/jlmeng/index.asp,下载日期:2020年5月18日;新加坡海事港口局网站,https://www.mpa.gov.sg/web/portal/home/maritime-singapore/port-statistics,下载日期:2020年5月18日。

米宽的深水航道。由于航道宽度较窄,水位相对于其他航道来看较浅,易受到海潮的影响发生变化,同时马六甲海峡底部结构复杂,为航行危险区,容易造成船舶搁浅事故的发生。因此,国际海事组织对于行经海峡某些区域的船舶设定了特定的吃水标准。这些技术性规范的制定从一定程度上维护了海峡的通行安全。但在航行中,由于马六甲海峡航运密度过大、能见度低、海峡航道内浅滩多等原因,易导致船舶在海峡内发生船舶碰撞、火灾等事故,影响海峡内的通行安全。

据马来西亚海事局的数据统计,[①]马六甲海峡船舶事故发生数量一直呈上升趋势,这与海峡每年日益增加的船舶通行量有直接的关系,同时也从一个侧面反映出马六甲海峡亟待改善的航行事故问题。据统计,1978—2003 年,马六甲海峡发生航运事故 888 起,[②]其中船舶碰撞造成的事故所占比例最高,而由于漏油而造成的海洋环境污染事故对马六甲海峡沿岸国造成的损失和影响最大。1997 年发生了"Evoilos & Orapin Global"碰撞油污事故,事故发生后约有 175000 桶原油泄漏,直接污染了包括新加坡、马来西亚和印度尼西亚等在内的海峡水域及岛屿。新加坡海事及港口管理局负责事故的清污工作,整个清理工作耗资 150 多万英镑。[③] 2010 年,"MV Waily & MT Bunga Kelana 3"船舶碰撞事故在马六甲海峡内发生,导致载有 63054 吨原油的"MT Bunga Kelana 3"号油船发生石油泄漏,造成海峡及海峡附近海域严重污染,对生态环境和渔业资源造成了极大的损失。[④] 这些船舶事故造成的损害不仅使沿岸国的经济受损,还导致了重大的环境污染,其破坏性的影响往往会持续数年。

上文中的这些事实,一方面显示出马六甲海峡航运活动的繁荣与活跃,也更加凸显了该海峡在全球航运链中的经济和战略地位。但在另一方面,如此巨大的航运负荷给马六甲海峡带来了安全隐忧,即航运活动使马六甲海峡作为国际航道被过度使用,航运设施损耗大,若得不到及时的维护和更新便容易引发航行事故,威胁马六甲海峡的安全。对于这一问题,并不是单凭马六甲海峡沿海国的能力能解决的,需要沿岸国和使用国共同承担。所以,这一安全问题能否解决取决于马六甲海峡沿岸国和

---

① 资料来源:Marine Department of Malaysia (Ibrahim, 2011)。

② Basiron. M. N., Hooi.T.K., 2007 The Environmental Impact of Increased Vessel Traffic in the Strait of Malacca and Singapore, *Maritime Institute of Malaysia Bulletin*, 2007, Vol.14, pp.15-16.

③ Mohd Hazmi Bin Mohd Rusli, Protecting Vital Sea Lines of Communication: A Study of the Proposed Designation of the Strait of Malacca and Singapore as a Particularly Sensitive Sea Area, *Ocean & Coastal Management*, 2012, p.57.

④ Bunga Kelana 3, Singapore/Malaysia, 2010, https://www.itopf.org/in-action/case-studies/bunga-kelana-3-singapore-malaysia-2010/,下载日期:2022 年 8 月 1 日。

使用国对航道使用的权利义务分配是否合理,而这又直接影响马六甲海峡的通行安全。

三、海峡沿岸国与使用国权利义务分配法律分析

从多年的实践来看,共管与自治是沿岸国处理马六甲海峡各项事务的主要原则,但由于日渐凸显的海峡通行安全问题和域外大国势力的介入,马六甲海峡沿岸国和使用国面临着如何维护沿岸国主权以及保证使用国通行利益的问题。

(一)《联合国海洋法公约》关于海峡使用国权利义务的规定

1982年第三次联合国海洋法会议确立了对马六甲海峡这样用于国际航行的海峡适用过境通行制度,取代了之前新加坡、马来西亚和印度尼西亚在联合声明中要求各国遵守的"无害通过"制度。马六甲海峡法律地位和通行制度的变化对海峡的沿岸国与使用国的通行权利与义务也产生了影响。对海峡使用国而言,其在过境通行时应尽到毫不延迟、迅速过境的义务,同时需要遵守国际条约及沿岸国关于通航规则的相关规定。《联合国海洋法公约》第44条规定了海峡沿岸国应承担的义务,即"海峡沿岸国不应妨碍过境通行,并应将其所知的海峡内或海峡上空对航行或飞越有危险的任何情况妥为公布。过境通行不应予以停止"。没有无权利的义务,也没有无义务的权利,从马六甲海峡的日常航运事务来看,海峡航运的良性运行离不开海峡沿岸国与使用国之间的合作。

目前,对用于国际通行的海峡使用国合作义务的规定来自《联合国海洋法公约》第43条的规定,"助航与安全设备及其他改进办法以及污染的防止、减少和控制"。该条规定:"海峡使用国和海峡沿岸国应对下列各项通过协议进行合作:(a)在海峡内建立并维持必要的助航和安全设备或帮助国际航行的其他改进办法;和(b)防止、减少和控制来自船舶的污染。"从规定的内容来看,海峡使用国应在航行安全技术和减少污染方面尽到合作的义务。但第43条的规定较为泛化,可以在以下方面进行明确,才能为实践应用扫清盲点。

第一,"海峡使用国"的定义有待明确。明晰海峡使用国的定义有助于界定承担海峡合作义务的主体。从字面上进行理解,可以将海峡使用国认为是利用用于国际通行的海峡进行运输活动的船舶的船籍国。但在实践中,由于各个国家通行经过海峡的频率不同,货物运载量不同,对海峡的依赖程度也有所不同。

中国是马六甲海峡主要的使用国之一，日本、德国、希腊等国也位列马六甲海峡使用国前列，这些国家船舶通行量总和几乎与其他使用国船舶通行量总和相当。由此可见，马六甲海峡诸多使用国对海峡的通行使用程度各不相同，甚至相去甚远。那么，频繁使用海峡进行航运的国家和较少通过海峡进行航运的国家是否都应该成为海峡使用国而承担相同的义务呢？笔者认为，如果对所有通行于海峡的国家都课以相同的义务和责任不太符合国际法上的公平原则。而以各国每年使用海峡的频率来区分认定海峡使用国的具体权利义务则较为合理。海峡沿岸国可以通过整理历年海峡通行船旗国的材料，以通行频率和载重吨位总数作为评价标准，将海峡使用国分为主要海峡使用国和一般海峡使用国。一般海峡使用国应该要尽到涉及航行安全的基本义务，而主要海峡使用国则应被要求尽到包括基本义务在内的各项合作义务。

随着国际海运技术的进步和国际航运组织的壮大，在航运事务中私主体，如船公司、国际海运团体等已经成为一支重要的海上运输力量。[①] 这些私主体不仅掌握海上运输业务的具体运转，而且对航运规则的制定等都有着重要的影响。因此，笔者认为海峡使用国的主体是一个广义的主体，不仅包括船籍国、货物运输进出口国和国际组织这样传统的国际法主体，还包括进行船运业务的相关船公司、海运团体等私主体。

第二，海峡使用国与海峡沿岸国之间的合作义务的性质应予以界定。《联合国海洋法公约》第43条虽然对海峡使用国在船舶安全和油污方面与沿岸国进行合作的义务进行了规定，但是该条款并未说明这种合作是海峡使用国的强制性义务还是可选择的任意性义务。结合《联合国海洋法公约》上下文的表述和现有的海峡通行实践，笔者认为将海峡使用国的合作义务视为一种任意性义务更为恰当，也更有助于维护海上通行的畅通与安全。

从《联合国海洋法公约》第43条的表述来看，该条规定"海峡使用国和海峡沿岸国应对下列各项通过协议进行合作"，对于这句话，可以从两个方面进行解读：一方面，《联合国海洋法公约》并没有在字面上明确表示海峡使用国与沿岸国进行合作是一项必须的（compulsory）义务，此外双方进行合作的方式是通过签订协议来实现的，虽然根据国际法"有约必守原则"，协议对于海峡使用国来说是有约束效力的，但在协议中所规定的权利义务是经协议双方合意的表示，并非强制性的。从第43条规定本身来看，其明确规定的合作事务仅限于(a)(b)两款，即"助航与安全设备"和"船舶污染的防止和控制"，对于其他有合作必要的事项，《联合国海洋法公约》也没有作出明

---

① 如国际定期客船联邦（ICCL）、国际独立油轮船东协会（INTERTANKO）、国际液化气体船及装卸货经营业协会（SIGTTO）等。

确的列举,所以从内容的规定上看,这种合作义务对于海峡使用国来说更偏向于任意性。另一方面,从现有的国际实践来看,由于海上运输的重要性日渐凸显,许多国家为了维护其在重要海峡的航运安全和战略利益,海峡主要使用国与海峡沿岸国之间的合作协议和合作实践不断增多,海峡使用国积极承担海峡内与航行安全相关的各种义务已成为一种趋势。但积极承担义务并不意味着这一义务是强制性的。特别是在义务的分担上,不论是海峡使用国还是沿岸国,都应该在公平和"非歧视"原则的基础上来承担合作义务。

(二)马六甲海峡使用国与沿岸国维持航道安全的合作实践

马六甲海峡交通量不断增长,与脆弱的海峡航道设施之间的矛盾日益突显,马六甲海峡航道的维护面临着越来越重的任务。就作为海峡沿岸国的新加坡、马来西亚和印度尼西亚而言,仅靠三国的资源和技术能力难以完成对海峡的维护和对海峡事务的管理工作,因此,海峡使用国的加入与合作变得十分必要。

在前文中提到了海峡的主要使用国包括日本、希腊、中国、韩国等国家。以日本为例,日本80%的石油进口和50%的货物进出口都要经过马六甲海峡,[①]因此日本十分重视对马六甲航线的稳定经营和维护,其介入马六甲海峡事务的合作也由来已久。1968年,日本成立了有政府背景的财团法人——马六甲海峡协议会(Malacca Strait Council)。该协议会的宗旨是:确保在马六甲海峡航行的船舶的安全,与马六甲沿岸国合作从事航海设施的建设和维护工作。迄今用于维护马六甲海峡通行的经费已达130亿美金。[②] 此外,日本民间机构如日本财团(Nippon Foundation)、日本海洋基金会(Japan Maritime Foundation)等,也从航道设施维护、海图编撰、油污清理、环境保护等方面对马六甲海峡航道的维护提供帮助。

随着马六甲海峡航运负荷的不断增长,个别海峡使用国提供资金帮助的方式已不能满足海峡通行事务的正常运行需要。2007年马来西亚与新加坡提出对通行海峡的商船强制征收费用的方案,引起有关海峡使用国的关注。[③] 从现有国际公约的规定来看,《联合国海洋法公约》第26条"可向外国船舶征收的费用"中规定:"1.对外国船舶不得仅以其通过领海为理由而征收任何费用。2.对通过领海的外国船舶,仅

[①] Safety in the Straits of Malacca and Singapore, https://www.nipponfoundation.or.jp/en/what/projects/safe_passage,下载日期:2022年7月1日。

[②] 龚迎春:《马六甲海峡使用国合作义务问题的形成背景及现状分析》,载《外交评论》2006年2月。

[③] 胥苗苗:《马六甲海峡收费惹争议》,载《中国船检》2007年第4期。

可作为对该船舶提供特定服务的报酬而征收费用。征收上述费用不应有任何歧视。"这条规定明确了外国船舶不能因为行经沿岸国领海而被征收费用的原则。而沿岸国只有在为通行船舶提供特定服务时才能收取费用,这种特定服务一般指以确保船舶顺利通行为目的而提供的领航、拖船、护航等服务。① 同时,《联合国海洋法公约》第44条"海峡沿岸国的义务"规定:"海峡沿岸国不应妨碍过境通行,并应将其所知的海峡内或海峡上空对航行或飞越有危险的任何情况妥为公布。过境通行不应予以停止。"有观点称,这一规定强调不论海峡的交通量有多大,海峡沿岸国的首要责任都在于维护海峡内通行设施和航道的安全,海峡沿岸国为海峡安全通行做出的工作是其在《联合国海洋法公约》下应尽的义务,不能因此向使用国收取费用。② 同样,海峡沿岸国对使用国收取通行费用在IMO中也是受到严格限制的。1997年英国曾向IMO提交过向多佛海峡使用国征收海事设施使用费的提案,IMO在回复英国时就征收通行费用提出了四点原则。第一,收费制度的规定必须与《联合国海洋法公约》的规定相一致,并且保证海峡使用国的无害通过权。这一原则有两个方面值得注意:一方面,收费制度的建立必须以《联合国海洋法公约》第43条为基础并以适格的国际组织,如IMO协议的形式订立,根据国际法委员会对该条的评论,该制度也可以通过国际条约的形式来订立。③ 另一方面,收费制度的订立不仅不得损害海峡使用国的无害通过权,也不得损害使用国的过境通行权和在群岛水域通行的权利。第二,根据《联合国海洋法公约》第26条和IMO公约第1条b款的规定,收费制度应本着非歧视原则来制定。第三,沿岸国收取的费用应与其提供的服务相关,不得征收其他费用。第四,沿岸国应当确保使用国享有与协议规定的标准相当的服务。④ 所以从国际法的现有规定出发,对海峡使用国采取强制收费的方式有待商榷。另外,从实际操作层面来看,强制收费还存在技术上的难度,每天过境马六甲海峡的船只数以万计,如果不能设计出一个完善高效的电子预付系统,将导致船只通行的延误,而延误通行

---

① See Dyke J. M. V., Transit Passage Through International Straits, Chircop A., McDorman T.L., Rolston S.J.(eds.), *The Future of Ocean Regime-Building: Essays in Tribute to Douglas M. Johnston*, Martinus Nijhoff Publishers, 2009.

② Mohd Hazmi Bin Mohd Rusli, *Protecting Vital Sea Lines of Communication: A Study of the Proposed Designation of the Strait of Malacca and Singapore as a Particularly Sensitive Sea Area*, Ocean & Coastal Management, 2012, Vol.57, p.82.

③ David H. Andersons, Funding and Managing International Partnerships for the Malacca and Singapore Straits, Consonant with Article 43 of the UN Convention on the Law of the Sea, *Singapore Journal of International and Comparative Law*, 1999, Vol.3, p.447.

④ David H. Andersons, Funding and Managing International Partnerships for the Malacca and Singapore Straits, Consonant with Article 43 of the UN Convention on the Law of the Sea, *Singapore Journal of International and Comparative Law*, 1999, Vol.3, p.453.

的损失则难以预估。

为实现马六甲海峡沿岸国与使用国在通行方面的合作,更好地进行航海设施的建设与维护,实现海峡的可持续利用,海峡使用国与沿岸国建立了多层次的合作:

第一,2007年,由海峡使用国希腊带头拨款100万美元成立了马六甲与新加坡海峡信托基金,该基金旨在支持海峡沿岸国与使用国当时确认将进行的包括清理海底船只残骸、建立气象及海潮监测系统、为小型船只安装发射机应答器和替换老旧海事安全设施如浮标等项目。

第二,2007年,IMO与马六甲沿岸三国签订了联合技术合作协议(Joint Technical Arrangement,简称JTA),并成立IMO马六甲海峡信托基金(The IMO Malacca and Singapore Straits Trust Fund),IMO马六甲海峡信托基金已集资共1238193美元和315000欧元。[1] 这些资金将为马六甲和新加坡海峡的沿岸国与使用国在维护航行安全和环保事务方面提供资金和技术支持。

第三,2008年,新加坡、马来西亚和印度尼西亚三国正式开始统筹设置安全机制,该安全机制由三个部分组成:一是用于航道使用国、船东及海事组织定期交流的合作论坛;二是用于资助航道发展项目的海峡助航设施基金(Aids to Navigation Fund),自成立以来基金筹集约2200万美元;三是协调委员会,其作用在于协调和推进上述项目的有序进行。

表 2-2 马六甲海峡助航设施基金资金来源[2]

单位:美元

排名	国家/组织	2009 年	2010 年	2011 年
1	阿联酋	100000	100000	100000
2	韩国	83532	88235	91500
3	印度	774000	—	993000
4	中国	—	250000	200000
5	日本 Nippon 基金	2500000	1390000	1000000
6	沙特阿拉伯	—	100000	—

---

[1] Safe and sustainable Straits of Malacca and Singapore,https://www.imo.org/en/MediaCentre/Pages/WhatsNew-951.aspx,下载日期:2022年7月1日。

[2] Maritime Institute of Malaysia[MIMA]& Marine Department of Peninsular Malaysia.

续表

排名	国家/组织	2009年	2010年	2011年
7	MENAS①	1000000	1000000	—
8	马六甲海峡协议会	500000	500000	500000
9	国际海事组织	50000	50000	50000
总额		5007532	3478235	2934500

从表2-2的资金分布来看，在海峡使用国中，捐助最多的是依赖马六甲航线的石油进出口国，包括日本、中国、韩国及中东国家。尤其是日本，其捐助的款项在2009年达到总金额的近一半，其对马六甲航道安全的重视程度可见一斑。在前文中，我们分析认为海峡使用国支付通行费用应是任意义务，而非强制性义务。从表2-2中的资金变化可以看出海峡助航设施基金的费用征取也体现出了这一点，如每年每个海峡使用国缴费的金额不同，有的国家如沙特阿拉伯在2009年和2011年均没有向基金捐助款项。

（三）中国在马六甲海峡航道安全合作机制中应发挥的作用

长期以来马六甲海峡事务由印度尼西亚、马来西亚和新加坡三国实行共同管理。由于历史原因，二战结束前很长一段时间马六甲海峡长期易手于他国的控制，这使得沿岸国分外重视对海峡拥有的主权和管辖权。因此，在马六甲海峡管理的众多合作机制中，海峡使用国一直被拒绝直接参与海峡航运安全的管理。对中国而言，介入马六甲海峡航道安全合作具有现实意义。马六甲海峡是我国对外贸易和海上运输所倚重的战略要道，中国原油进口的80%要经过马六甲海峡，对马六甲海峡的依赖形成了我们熟知的"马六甲困局"。为此，人们试图寻找其他替代线路，其中较有代表性的设想包括中、日、韩合作开凿泰国克拉运河，开辟从巴基斯坦瓜达尔港至新疆的陆上运输线路以及绕航巽他海峡等选择。在这些替代方案中，开凿克拉运河和开辟瓜达尔至新疆的陆上通道不仅付出的成本较高，还要面临泰国和巴基斯坦国内不平稳的安全局势的挑战，难以在近期实现。而绕航巽他海峡，将使运输航程变长，运输成本增加，同时巽他海峡与马六甲海峡一样面临着相似的安全威胁，但又缺乏与马六甲海峡同样有效的航行救助机制，因此这一方案也并非最优选择。因此，从现实出发，中

---

① MENAS全称为Middle East Navigation Aids Service。

国只有通过参与马六甲海峡合作机制的制定,扩大在马六甲安全事务中的影响,才能有效地保证中国在该地区的航行安全。

如上文所述,基于国家主权的考虑,马六甲海峡沿岸国对与主权、安全和军事等相关的海峡合作事务保持着谨慎的态度。① 因此,从航行通道的建设、维护等技术层面介入海峡合作机制是最无障碍的方式。一方面,中国是马六甲海峡主要的使用国和IMO的A类理事国,根据《联合国海洋法公约》的规定,其本身负有承担海峡通道维护的合作义务。另一方面,通过加大资金投入、通航设施建设以及人才培训等参与方式,中国能够在海峡维护管理等日常事务中发挥应有的作用,同时还能平衡日本在马六甲海峡航行安全合作中多年来"一国独大"的局面,为中国在马六甲通行安全事务中争取更多的影响力。在合作的方式上,对海峡沿岸国而言,参与责任分担(burden-sharing)的海峡使用国越多越好,对海峡的管理事务直接介入的域外国家越少越好。② 从现有的关于通行安全合作的主要方式来看,包括IMO马六甲海峡信托基金、海峡助航设施基金在内,都是以海峡沿岸国为主导的多边合作形式存在的。中国作为马六甲海峡的主要使用国及利益相关国在现阶段要直接参与海峡事务的管理存在较大的难度,因此在合作方式上我国一方面积极参与现有的多边合作下的海峡事务建设,另一方面还需要通过双边合作的途径对沿岸国提供支持并加强对话,争取在海峡航行安全事务中取得主动,例如,2012年中国与印尼签署了《中国印尼海上合作谅解备忘录》,并设立中国印尼海上合作基金。③ 从已有的沿岸国合作实践来看,沿海国在对安全合作的范围上存在分歧,基本上沿岸国对他国参与非传统安全领域内的安全合作持欢迎态度,但在涉及军事合作的问题上,三个沿岸国容易出现分歧,马来西亚和印尼基于国家主权的考虑,反对域外大国介入干涉,而新加坡则希望借助外力实现马六甲海峡的战略平衡。在这种局面下,中国作为海峡利益关切国较为实际的方式应是在涉及主权、管理等问题上,应鼓励民间援助形式,淡化政府色彩。

综上所述,对于海峡沿岸国和使用国权利义务的分担问题,无论是《联合国海洋法公约》第43条的原则性规定,还是从公平、公正原则出发,海峡使用国都有义务与

---

① 2004年,美国前海军司令曾提出"地区海上安全倡议"(RMSI),这一倡议意在派遣美国海军陆战队和特种部队进驻马六甲海峡,帮助沿岸国巡逻,协助海峡的反恐斗争。这一建议遭到了马来西亚和印度尼西亚的反对。

② 龚迎春:《马六甲海峡使用国合作义务问题的形成背景及现状分析》,载《外交评论》2006年第1期。

③ 《中国-印尼海上合作委员会首次会议在京举行》,http://news.xinhuanet.com/politics/2012-12/06/c_113933699.htm,下载日期:2022年2月22日。

海峡沿岸国进行合作与责任分担。在合作机制的构建中,沿岸国的主权权利应得到充分的尊重,沿岸国不能给使用国施加强制性义务或强制收取通行费用。同时,在合作中,相关的国际组织也应对合作机制进行必要的引导协调,使海峡沿岸国与使用国在合作中实现权利义务的平衡。

第二节 影响马六甲海峡通行安全的非传统安全因素分析

一、海盗行为及其法律惩治机制的完善

海盗现象古已有之,[1]世界上可查的海盗活动可追溯至公元前1190年的地中海区域。[2] 在近代意义的国际法产生以前,海盗就已被视为"人类的公敌"(hostes humani generisi)。[3] 进入20世纪,海盗作为破坏海上公共秩序和国际航运安全的活动,被认为是一项违反"强行法"的国际罪行,"各国均有权对海盗行为的实施者进行逮捕、审判和处罚"[4]。虽然国际社会对海盗犯罪予以强烈关注,但海盗问题并没有得到根除。值得注意的是,随着海上技术的进步,现代海盗活动呈现出装备现代化、行为方式多样化、活动地点集中化等特点。在过去近30年间,全球海盗活动呈上升

---

[1] Helmut Tuerk, *Combating Terrorism at Sea—The Suppression of Unlawful Acts Against the Safety of Maritime Navigation*, in *Legal Challenges in Maritime Security*, Brill & Nijhoff Press, 2008; see also Adam J. Young, Roots of Contemporary Maritime Piracy in Southeast Asia, in *Piracy in Southeast Asia: Status, Issues, and Responses*, ISEAS Publishing, 2005.

[2] Joshua M. Goodwin, Universal Jurisdiction and the Pirate: Time for an Old Couple to Part, *Vanderbilt Journal of Transnational Law*, 2006, Vol.39, Issue 3, p.973.

[3] [英]詹宁斯:《奥本海国际法》(第1卷第2分册),王铁崖、陈体强译,商务印书馆1998年版,第117页。See B. A. Wortley, Pirata non Mutat Dominium, *British Year Book of International Law*, 1947, Vol.24, p.258.

[4] Ethan A. Nadelman, Global Prohibition Regimes: The Norms in International Society, *International Organization*, 1992, Vol.44, p.490.

趋势,多发于东南亚群岛水域、印度次大陆水域、非洲东西海岸和南美,[①]尤其是在一些国际重要航道,如索马里海域、马六甲海峡,海盗活动更为猖獗。

对于中国而言,最重要的海上通道之一是位于南海水域的马六甲海峡,它承担了中国七成以上的石油、战略物资及商贸运输。马六甲海峡的海盗和海上武装抢劫船只行为对中国海上通道的安全造成了重大的影响。虽然在马六甲海峡沿岸国以及亚洲各国的共同努力下,海盗活动得到了一定的控制,[②]但每年发生在包括马六甲海峡在内的亚洲地区的海盗事件仍高达上百起。

表 2-3　亚洲海盗和海上武装抢劫船只事件统计(2009—2018 年)[③]

年份	事故总数(件)	既遂事件总数(件)	未遂事件总数(件)
2009	102	82	20
2010	167	134	33
2011	157	135	22
2012	133	124	9
2013	150	141	9
2014	187	171	16
2015	203	190	13
2016	87	78	9
2017	102	90	12
2018	76	62	14

海盗事件之所以频发,究其原因不外以下几点。其一是马六甲海峡所在海域地理环境复杂,海峡内多暗礁浅滩,船舶行经此水域需要减速,同时水域内岛屿较多,便

[①] See Press Release, IMB, Organized Crime Takes to the High Seas, ICC Piracy Report Finds, http://www.iccwbo.org/home/news-archives/2002/piracy-report.asp (last visited Feb. 8, 2012); Press Release, IMB, Shipping Warned to Steer Clear of Pirate-Infested Somali Coast (July 24, 2002), http://www.iccwbo.org/home/news-archives/2002/stories/somalia-piracy.asp (last visited Feb. 8, 2012); IMB, Regional Piracy Maps, January 1 - December 31, 2003, http://www.iccwbo.org/home/newsarchives/2002/stories/piracy-maps.asp (last visited Feb. 8, 2012). See generally Press Release, IMB, Excerpt from ICC Piracy Report 2001: Stories from the Front Line, http://www.iccwbo.org/home/newsarchives/2002Iexcerpt%20one.asp (last visited Feb. 8, 2012).

[②] ReCAAP, Insights of Incidents by Locations Using Data Analytics 2018.

[③] ReCAAP, Piracy and Armed Robbery Against Ships in Asia Annual Report 2018.

于海盗袭击和隐匿。其二是经济原因的影响，南海是重要航道马六甲海峡所在的海域，每天数以千计的商船航经此处，海盗往往趋利而至。其三是薄弱的港口和船舶管理，港口安全防卫设施不足，管理人员调度混乱、执法不力等因素为海盗在港口的作案提供了可乘之机。印度尼西亚、菲律宾等国的港口，有组织的海盗与港监部门勾结，是导致海盗案件屡禁不止的原因。[1]

海盗事件的频发给国际航运和海上通道安全蒙上了阴影，打击海盗成为国际社会的共同诉求和刻不容缓的任务。就打击海盗的法律规制来看，厘清海盗行为的定义、明晰海盗管辖权的归属、建立各国合作防治海盗的机制等问题都应得到关注。

(一)打击海盗实践下海盗行为定义的发展与修正

长期以来，海盗行为的治理一般是由国际习惯法来调整的，[2]但对于海盗的定义并没有形成统一的界定。进入20世纪，各国开始重视对海盗罪的国内立法，国际社会也对惩治海盗犯罪的习惯法进行整理、编纂，试图通过在国际条约中界定海盗行为来规范和统一各国对海盗行为的认定，以期实现在全球范围内打击海盗犯罪的目的。但"海盗"这一概念应该是什么，时至今日仍争议不断。

1932年哈佛法学院对与海盗有关的国际法问题展开研究并出版了《哈佛海盗行为研究草案》(*Harvard Research in International Law, Draft Convention on Piracy with Comments*)，该草案提出了14条草案条款，其中第3条对海盗行为进行了定义。[3] 在第3条的定义中草案主要界定了海盗犯罪的行为主体、行为方式，其中最重要的是将海盗犯罪的行为地限于任何国家管辖范围之外，把个人目的作为海盗犯罪的构成要件并将来自飞机的攻击包含在海盗行为中。虽然《哈佛海盗行为研究

---

[1] 李文沛：《国际海洋法之海盗问题研究》，法律出版社2010年版，第56页。

[2] Donna Sinpopli, Piracy—A Modern Perspective, *Queensland University of Technology Law Review*, 1998, Vol.14, p.160.

[3] 《哈佛海盗行为研究草案》第3条："海盗行为是指发生于不属于任何国家领域管辖地区的下列行为：(1)为个人主张不正当权利之目的，而且具有抢劫、强奸、伤害、奴役、拘禁、杀人、偷窃或破坏财物的犯意，行使任何暴力或掠夺行为。该项行为必须与来自船上或海上、飞机上或空中的攻击有关。该项行为若与兴起自船上的攻击有关，则该船或另一涉及之船均应被认为是海盗船或无国籍船。(2)明知会使船舶成为海盗而仍自愿参加该活动。(3)教唆或帮助本条第一项或第二项所称之行为者。"See Harvard Research in International Law, Draft Convention on Piracy, *American Journal of International Law*, 1932, Vol.26, p.386.

草案》只是哈佛法学院研究人员以权宜的态度起草的,[①]但它为海盗行为的定义提供了理论基础,此后订立的一系列与海盗相关的国际公约均以此为渊源,堪称"国际海盗法有价值的立法样本"[②]。

进入20世纪中后期,在联合国的努力下,有关海盗问题的重要国际条约相继出台。1958年《公海公约》在承袭1956年国际法委员会对联合国大会报告书中关于海盗行为条款的基础上,在第15条中对海盗行为作了定义[③]。1982年通过的《联合国海洋法公约》在第101条和第102条中也对海盗行为进行了规定,但这一规定基本因循了《公海公约》对海盗行为的定义,即海盗行为是私人船舶或飞机的船员、机组人员或乘客为私人目的,在公海或其他国家管辖之外的海域对另一船舶或飞机上的人或物实施的不法实行行为。基于公约的定义,从刑法犯罪要件来解析,构成海盗行为的主体为私人船舶或飞机,以及发生叛变的军舰、政府船舶或飞机的船员、人员及乘客;构成海盗行为的主观方面是出于私人目的的主观故意,即海盗行为条款不能适用于以政治目的或恐怖主义目的而实施的海上袭击活动;[④]海盗行为的客观方面是海盗行为人对另一船舶或飞机上的人或财物所实施的不法实行行为[⑤]。此外,海盗犯罪的行为地限定为公海或其他国家管辖范围之外的海域。

近年来海盗犯罪活动愈演愈烈,从现有的实践来看,海盗犯罪样态呈多样化发展,其在犯罪目的、犯罪形态等方面较之前发生了很大的变化,具体表现为:

1.海盗犯罪"私人目的"扩大化

在《联合国海洋法公约》定义下的海盗行为的犯罪意图是私人目的,即海盗行为

[①] Barry Har Dubner, *The Law of International Sea Piracy*, Nijhiff, 1980, p.104.转引自李文沛:《国际海洋法之海盗问题研究》,法律出版社2009年版,第31页。

[②] H.A. Smith, *The Law and Custom of the Sea*, Stevens and Sons Ltd., 1980, p.90.

[③] 《公海公约》第15条:"下列行为中的任何行为构成海盗行为:(1)私人船舶或私人航空器的船员或机组成员或乘客为私人目的,对下列对象所实施的任何非法的暴力或扣留行为,或任何掠夺行为:(a)在公海上对另一船舶或航空器,或对另一航空器上的人员或财物;(b)在任何国家管辖范围以外的地方对船舶、航空器、人员或财物;(2)明知船舶或航空器成为海盗船舶或航空器的事实,而自愿参与其活动的任何行为;(3)教唆或故意便利本条第(1)和第(2)款所述的任何行为。"

[④] Beckman R., Combating Piracy and Armed Robbery Against Ships in Southeast Asia: The Way Forward, *Ocean Development and International Law*, 2002, Vol.33, p.328.

[⑤] 这里的"不法实行行为"包括了暴力、扣留和劫掠三种形态。See Rosemary Collins and Daud Hassan, Applications and Shortcomings of the Law of the Sea in Combating Piracy: A South East Asian Perspective, *Journal of Maritime Law & Commerce*, 2009, Vol.40, p.94.

条款不能适用于以政治目的或恐怖主义目的而实施的海上袭击活动。[1] 而 1985 年的阿基莱劳伦劫船事件("Achille Lauro")[2]的发生使《联合国海洋法公约》中海盗行为仅限于私人目的的这一限制引起了人们激烈的争论——恐怖主义劫持船舶的行为能否视为海盗行为,以普遍管辖原则进行逮捕和惩治行为人。特别从晚近国际实践来看,随着"9·11"事件的发生,恐怖主义活动等极端行为在世界范围内呈增长之势。这些国际恐怖主义行为与现代海盗活动联系紧密、相互交织,在某种程度上难以区别这种海上暴力攻击到底是基于公共目的还是私人目的。[3] 例如前叙利亚独立运动组织、伊斯兰激进分子以及索马里叛军等,这些组织参与海盗活动的程度很高,他们除了劫持船只、抢劫财物外还会同时提出政治要求,形成带有军事目的和政治目的"新型"海盗犯罪行为。如果按照《联合国海洋法公约》对海盗行为的界定,构成海盗犯罪的行为人主观方面必须以私人目的为限,那么将会使许多附加政治条件或公共目的而实施的海盗行为,因不符合《联合国海洋法公约》对海盗的定义而逃脱国际法的制裁,从客观上限制了对海盗行为的打击范围。

因此,海盗行为的主观方面绝对排除"政治目的"是否合理,仍待商榷。从海盗行为定义源流来看,海盗行为"私人目的"要件的规定最早源自《哈佛海盗行为研究草案》。有观点指出,从草案制定的背景来看,"私人目的"这一要件的设定是为了将海盗行为与为争取民族独立带有"政治目的"的武装行为区别开来。[4] 因为相对于海盗行为而言,在习惯法上,以民族独立为目的进行的武装斗争在殖民地统治普遍的当时是合法的。而当代国际社会与私人目的订立的时代背景相比已然发生了巨大的变化,因此在对海盗犯罪构成的"私人目的"进行适用时,也应该适当地对其进行扩大解释,同时避免绝对排除"政治目的",使海上暴力犯罪行为能得到更好的约束与惩治。

---

[1] Beckman R., Combating Piracy and Armed Robbery Against Ships in Southeast Asia: The Way Forward, *Ocean Development and International Law*, 2002, Vol.33, p.328.

[2] See J. P. Pancracio, L'affaire de L'Achille Lauro et le droit international, *Annuaire Francais de Droit International*, 1985, Vol.31, pp.221-236; George R. Constantinonple, Towards a New Definition of Piracy: The Achille Lauro Incident, *Virginia Journal of International Law*, 1986, Vol.26, pp.745-748; M. Halberstam, Terrorism on the High Seas: the Archille Lauro, Piracy and the IMO Convention on Maritime Safety, *American Journal of International Law*, 1988, Vol.82, pp.269-319.

[3] Young A. & Valencia M., Conflation of Piracy and Terrorism in South East Asia: Rectitude and Utility, *Contemporary Southeast Asia*, 2003, Vol.25, p.276.

[4] Keyuan Z, Seeking Effectiveness for the Crackdown of Piracy at Sea, *Journal of International Affairs*, 2005, Vol.59, p.119.

2.海盗犯罪行为地要件之局限

根据《联合国海洋法公约》第101条的规定,海盗行为发生在公海和任何国家管辖范围以外的地方。同时《联合国海洋法公约》第58条第2款规定,只要其他国家在与沿海国在专属经济区中的权利不相抵触时,有权在专属经济区内适用包括打击海盗在内的各项权利。① 据此,《联合国海洋法公约》规定海盗犯罪行为地不仅包括公海、国家管辖外海域,还包括专属经济区。

然而近年来的实践表明,越来越多的海盗活动集中在离岸较近的港口、海岸线或在用于国际航行的海峡区域内。② 以马六甲海峡为例,马六甲海峡是属于新加坡、马来西亚和印度尼西亚三国所辖的领海水域,但这一水域又是世界海盗活动最为活跃的地区,但由于马六甲海峡非公海的性质导致很多海盗袭击不符合《海洋法公约》对海盗的规定,有学者甚至指出"联合国海洋法公约有关海盗的规定对包括马六甲海峡在内的东南亚水域的海盗行为难以起到防范和惩治之效"③。囿于海盗行为地的这一限制使《海洋法公约》第100条"合作制止海盗行为的义务"④受到影响。在这一条规定下,各国没有义务对发生在别国领海内的海盗行为进行打击,尽管这些海盗有实施海盗犯罪的前科。⑤

鉴于《联合国海洋法公约》对海盗犯罪行为地要件严格限制在一定程度上妨碍了国际社会打击海盗行为的有效性,可以考虑适当拓宽海盗定义中对行为地的范围,以实现对海盗不法行为的充分治理。那么怎样定义海盗犯罪行为地的范围才算合理?在不违背现有《联合国海洋法公约》规定的前提下,将毗连区纳入海盗犯罪行为地在法理上是可行的。就毗连区而言,其在性质上是具有保护功能的缓冲区。根据《联合国海洋法公约》的规定,沿海国在毗连区内主要行使对与海关、财

---

① 《海洋法公约》第58条第2款:"第88条至第115条以及其他国际法有关规则,只要与本部分不相抵触,均适用于专属经济区。"

② 比如马六甲海峡、霍尔木兹海峡等用于国际航运等海峡相较于公海更容易成为海盗袭击发生的区域。See Rosemary Collins and Daud Hassan, Applications and Shortcomings of the Law of the Sea in Combating Piracy: A South East Asian Perspective, *Journal of Maritime Law & Commerce*, 2009, Vol.40, p.99.

③ Beckman R, Combating Piracy and Armed Robbery Against Ships in Southeast Asia: The way Forward, *Ocean Development and International Law*, 2002, Vol.33, p.328.

④ 《联合国海洋法公约》第100条规定:"所有国家应尽最大可能进行合作,以制止公海上或在任何国家管辖范围以外的任何其他地方的海盗行为。"

⑤ Rosemary Collins and Daud Hassan, Applications and Shortcomings of the Law of the Sea in Combating Piracy: A South East Asian Perspective, *Journal of Maritime Law & Commerce*, 2009, Vol.40, p.98.

政、移民或卫生相关事务的管辖权。① 而海盗行为并不属于前述四项的范围,基于此有学者认为从理论上讲各国在遵守沿海国有关毗连区法律法规的前提下打击海盗行为是可以的。② 但由于毗连区事务与沿海国国家主权关联甚密,在这一区域打击海盗从实际操作上可能会遇到沿海国国家安全与打击海盗普遍管辖权相冲突的问题。因此,如果在相关立法上不能对此进行很好的折中处理,毗连区仍难以在实践中构成国际法上海盗罪的行为地。

同时对在专属经济区打击海盗行为而言,虽然《联合国海洋法公约》第58条言明当其他国家在与沿海国在专属经济区中的权利不相抵触的情形下,有权在专属经济区内适用包括打击海盗在内的各项权利。③ 换言之,他国在专属经济区内对付海盗的行动不能被看作侵犯公约保留给沿海国的权利,在该区域内发生的海盗行为应接受国际海盗罪普遍管辖权之适用。在实践中,美国、英国、日本、瑞士等国均主张有权惩处在他国专属经济区内的海盗犯罪。但由于各国对专属经济区海域性质的看法不同,加之沿海国对国家主权安全的顾虑,实践中这一观点未能得到沿海国普遍而有效的遵守。④ 对此,在实践中,当沿海国无力打击本国专属经济区内的海盗行动时,应以更为积极的态度接纳其他国家的加入,使海盗行为得到有效的控制,更好地维护国际海洋秩序的安全。

3.两船要件的局限

根据《联合国海洋法公约》第101条之定义,海盗行为人必须是针对公海上另一船舶或飞机上的人或物所进行的袭击,排除了在同一条船上发生的袭击行为。有观点指出,将"两船要件"写入海盗行为的构成条件中,是认为只有当海盗行为人和受害者分别在两条不同的船舶上时才由国际法以海盗犯罪对其进行调整,而在同一条船上发生的袭击行为基于船旗国有权对其船上发生的暴力行为进行有效管辖的考量而

---

① 《联合国海洋法公约》第33条第1款:"沿海国可在毗连其领海称为毗连区的区域内,行使为下列事项所必要的管制:(a)防止在其领土或领海内违犯其海关、财政、移民或卫生的法律和规章;(b)惩治在其领土或领海内违犯上述法律和规章的行为。"

② Carrie R. Woolley, Piracy and Sovereign Rights: Addressing Piracy in the Straits of Malacca Without Degrading the Sovereign Rights of Indonesia and Malaysia, *Santa Clara Journal of International Law*, 2010, Vol.2, p.447.

③ 《联合国海洋法公约》第58条第2款:"第88条至第115条以及其他国际法有关规则,只要与本部分不相抵触,均适用于专属经济区。"

④ 很多沿海国单方面地规定其在专属经济区内行使管辖权,在打击海盗问题上往往形成沿海国各行其是的局面。

不被认为是海盗行为。① 但伴随着海盗行为的多样化,海盗的实施方式也与以往不同,海盗行为人在同一条船上进行的绑架、劫持等行为常常发生。② 如果严格按照两船要件的海盗定义,那么这些行为也被排除在海盗行为之外了。

如前所述,由于《联合国海洋法公约》下海盗行为的定义限制了对海盗行为的打击力度,难以对海盗行为实行有效打击,发挥惩治之效。面对海盗行为的严重威胁,有必要对这项定义进行修正以适应当前打击海盗犯罪、维护海上安全秩序之需。

在此背景下,国际社会对海盗行为的定义进行了一定的发展,在多边条约中较有代表性的定义当属《亚洲地区反海盗及武装劫船合作协定》(Asia Regional Cooperation Agreement to Combat Piracy and Armed Robbery against Ships),它是2004年中国、韩国、日本与东盟10国共同起草签订的旨在打击海盗和武装抢劫船只的多边协定,也是世界上首个针对海盗和武装抢劫船只的专门协定。ReCAAP在第1条中对海盗进行了界定,③其与《联合国海洋法公约》海盗定义的联系和区别如表2-4所示。

表2-4 《联合国海洋法公约》与ReCAAP海盗定义之比较④

	《联合国海洋法公约》	ReCAAP
概念表述	海盗行为	海盗行为
犯罪主体	私人船舶或私人飞机的船员、机组成员或乘客,已发生叛变的军舰、政府船舶或政府飞机上的船员或机组成员	私人船舶或飞机的船员、机组成员或乘客
主观目的	私人目的	私人目的

---

① Halberstam M., Terrorism on the High Seas: The Achill Lauro, Piracy and the IMO Convention on Maritime Safety, *American Journal of International Law*, 1988, Vol.82, p.286.

② 当今的海盗作案通常都会先派卧底在目标船上工作,待目标船开航后,卧底用电话通知海盗组织其所在位置及航线、人员装备等情报,为海盗船做内应,而当真正的海盗来到卧底船内实施抢劫时,作为同伙的卧底不可能不参与共同的行动。但他们无论怎样行动都是在自己所处的"同一船舶内",而不是对"另一船舶及船上的人或物"实施暴力、扣留或掠夺行为。王秋玲:《国际公约中海盗罪的修改和完善》,载《中国海商法年刊》2008年第1期。

③ ReCAAP第1条第1款:"海盗行为是指以下任一行为:a.任何私人船舶或飞机的船员、机组人员或乘客为私人目的对下列对象而进行的任何非法的暴力行为或扣押行为,任何掠夺行为:(1)在公海上对另一船舶或船舶上的人或财物;(2)在任何主权国家的管辖范围外的地方对另一船舶或船舶上的人或财物;b.在明知其为海盗船舶或飞机的情况下,自愿参与船舶或飞机的任何行为;c.教唆或故意便利a或b项所述行为的任何行为。"

④ 作者整理,部分参考陈敬明:《海盗罪研究》,大连海事大学2011年博士论文。

续表

	《联合国海洋法公约》	ReCAAP
犯罪对象	另一船舶或飞机及其上的人或物	另一船舶或船舶上的人或物
客观方面	不法的暴力、扣押、劫掠行为	不法的暴力、扣押、劫掠行为
行为方式	直接实施	直接实施、教唆或故意便利
犯罪行为地	公海上或任何国家管辖范围外的区域	公海上或在任何主权国家的管辖范围外的地方

如上所示，ReCAAP 的海盗定义仍因循了《联合国海洋法公约》的定义，无论是行为主体、主观目的还是犯罪行为地等都基本一致，没有实质性的改变。同时，针对南海地区海盗活动的现实，ReCAAP 新增加了"武装抢劫船舶罪"[①]，该罪名被视为对 ReCAAP 海盗罪调整范围不足之补充。[②] 但由于 ReCAAP "武装抢劫船舶罪"调整的是海盗行为以外的海上非法暴力行为，且仅适用于少数缔约国之间，至今南海海盗多发国的马来西亚和印尼均未加入 ReCAAP，影响有限。但其对海盗行为定义的突破可看作是有益的尝试，某种程度上也为完善海盗行为的定义提供了借鉴。

综上所述，通过对现有重要国际条约中海盗行为定义的分析，在结合海盗实践发展的基础上，许多学者均提议对《联合国海洋法公约》现有海盗定义及其构成要件作适当的修正，以适应当今海上安全之需。[③] 基于全面打击海盗犯罪之目的，本书借鉴

---

① ReCAAP 第 1 条第 2 款："在本条约中，'武装抢劫船舶'是指以下任一行为：a.在缔约国对这些违法行为拥有管辖权的地方，为私人目的针对船舶，或船舶上的人员或财产所进行的任何非法的暴力行为或扣押行为，或任何掠夺行为；b.在明知其为武装抢劫船舶的情况下，自愿参与其活动的任何行为；c.教唆或故意便利 a 或 b 项所述行为的任何行为。"

② 根据"武装抢劫船舶"的定义，构成这一罪行的主体范围没有特别的限制，较海盗罪更为广泛；该罪的主观方面仍是私人目的；在犯罪的客观方面，武装抢劫船舶的行为突破了海盗行为的两船要件，它既包括"另一船舶或船舶上的人或财物"，也包括对其乘坐的"船舶或船舶上的人或财物"实施的"任何非法的暴力行为或扣押行为，或任何掠夺行为"；在犯罪行为地上，武装抢劫船舶行为地在"缔约国对这些违法行为拥有管辖权的地方"，即缔约国有权对发生在沿海国毗连区、专属经济区、大陆架海域的不法行为进行管辖，相较于海盗行为地的公海限制可谓大为拓展。

③ See Yvonne M. Dutton, Bringing Pirates to Justice: A Case for Including Piracy within the Jurisdiction of the International Criminal Court, *Chicago Journal of International Law*, 2010-2011, Vol.11, p.197(advocating that the UNCLOS definition of piracy should be amended to reflect an historically accurate view of piracy); Brooke A. Bornick, Comment, Bounty Hunters and Pirates: Filling the Gaps in the 1982 U.N. Convention on the Law of the Sea, *Florida Journal of International Law*, Mar, 2005, Vol.17, p.259; Carrie R. Woolley, Piracy and Sovereign Rights: Addressing Piracy in the Straits of Malacca Without Degrading the Sovereign Rights of Indonesia and Malaysia, *Santa Clara Journal of International Law*, 2010, Vol.8, p.466.

国际海事局的定义,拟将海盗行为定义为:在各国内水、领海以外意图使用暴力、扣押、劫掠以及胁迫达致盗窃、抢劫或实现其他犯罪目的的登船及其预备行为。根据这一定义,海盗行为的主体将不再限于私人船舶或飞机的船员、机组人员或乘客;而犯罪的主观方面也突破了私人目的的限制,取消了两船要件,同时将试图攻击的行为也纳入了海盗犯罪中加以调整,对严格限制的海盗定义进行了拓展,以适应现有海盗行为多样化的发展趋势,可更为有效地打击海盗,维护海上安全秩序。

(二)海盗的审判与处罚问题

加强对海盗行为的惩治是国际社会的共同诉求。惩治海盗包括两个方面:一是进行军事打击和拿捕,二是对海盗行为的起诉和审判。在军事打击方面涉及的法律问题主要是各国对海盗进行打击的法律依据。事实上,许多学者已进行了探讨并取得了较为一致的看法,即打击海盗的法律依据主要源于各国对海盗罪行享有的普遍管辖权、联合国安理会的授权决议以及沿岸国的同意,不再赘述。

自2008年索马里海盗发生以来,联合国安理会通过一系列决议授权有关国家和国际组织向索马里海域派出军队进行护航并打击当地严重的海盗犯罪。根据联合国索马里检查组的报告显示,军舰护航和各国打击海盗行动已卓见成效[①]。诚然,建立完整的打击海盗机制需要军事行动、法律程序和司法制度三个方面相辅相成。而随着打击海盗军事行动的深入,处置海盗的法律程序和司法制度的不成熟使打击海盗行动出现了"只抓不审"或"抓而难审"的局面。目前,各国对海盗的起诉与审判均面临着国际法和国内法层面的制度性不足,其主要体现在以下几个方面。

第一,在国际治理层面上,海盗国际处理机制的缺位影响着国际海盗行为的惩治效果。目前,对抓捕海盗的起诉和审判在很大程度上依靠各国自行处置。国际社会为惩治战争罪、人道主义罪成立了国际刑事法院(ICC)、卢旺达国际刑事法庭(ICTR),以及前南国际刑事法庭(ICTY)等多个特别法庭,而作为最早且最广为接受的国际罪行之一的海盗,国际社会尚未有专门惩治这一行为的特别法庭,国际刑事法院也没有将海盗犯罪纳入其管辖范围。

在国际法上,海盗行为是"公海航行自由"的例外,各国依国际法对海盗行为享有普遍管辖权。学者J. Ashley Roach指出虽然《公海公约》和《联合国海洋法公约》规

---

① 普遍认为打击索马里海盗成果斐然的因素有三:一是国际海军护航舰队选择了最佳护航路线;二是护航舰队"先发制人"、"破坏性反海盗战术"和扩大授权范围打击海盗陆上基地等举措发挥了效用;三是私人海上保安公司越来越多地参与护航。

定且重申了对海盗的普遍管辖权,但根据《公海公约》第 19 条、《联合国海洋法公约》第 58 条第 2 款和第 105 条的条文表述,各国依普遍管辖权进行扣押海盗船舶、逮捕海盗以及决定起诉等活动时,公约使用的是"may"一词,这就意味着任何国家对海盗的普遍管辖权是选择性的,而非强制性的国家义务①,也不会因此导致国际责任。各国在行使这种普遍管辖权时通常会考量这一行为是否能增进本国利益,若不能,往往会选择消极回避。

为调动各国的积极性,联合国安理会出台了一系列与打击海盗相关的决议,②强调各成员国在打击国际海盗犯罪方面应承担起法律规定的义务。同时安理会决议还呼吁各成员国在其国内法体系下积极采取打击海盗的法律手段。③ 联合国大会也要求各成员国与 IMO 等国际组织在起诉海盗违法行为方面进行充分合作,各国有必要建立完善的惩治海盗犯罪的国内法制度,以便利对海盗犯罪的审判。在实践中主要存在三种审判方式:其一是将海盗带回本国审判。这种方式是当一国抓获海盗后将按国际法规定把海盗带回本国进行起诉和审判。例如 2009 年荷兰法院对 5 名索马里海盗进行审判,④2010 年美国法院以袭击美国军舰为由对一名索马里海盗处以 13 年监禁,⑤2011 年韩国高级法院支持了釜山地方法院对试图袭击并谋杀韩国船长的一名索马里海盗处以终身监禁的判决。⑥ 其二是将抓获的海盗交由第三国审理。这种审理主要是当事国事先通过协议、引渡或司法协助等方式进行约定,将海盗的审判交给第三方。以肯尼亚为例,从 2008 年开始,肯尼亚一直是对抓获的索马里海盗嫌疑犯进行起诉和审判的主要地点。⑦ 肯尼亚进行的海

---

① J. Ashley Roach, Countering Piracy Off Somalia: International Law And International Institutions, *American Journal of International Law*, 2010, Vol.104, p.403.

② 自 2008 年以来,联合国安理会形成了多项决议对海盗问题进行关注,包括:第 1814(2008)号、第 1816(2008)号、第 1838(2008)号、第 1844(2008)号、第 1846(2008)号、第 1851(2008)号、第 1897(2009)号、第 1918(2010)号、第 1950(2010)号、第 1976(2011)号、第 2015(2011)号、第 2020(2011)号决议,以及 2010 年 8 月 25 日安理会主席声明(S/PRST/2010/16)和第 2077(2012)号决议。

③ S.C. Res. 1950, 13, U.N. Doe. S/RES/1950 (Nov. 23, 2010); G.A. Res. 65/37, 86, U.N. Doe. A/65/37(Dec. 7, 2010).

④ G.A. Res. 64/71, 73, U.N. Doe. A/64/71.

⑤ Bruno Waterfield, Somalia Pirates Embrace Capture as Rout to Europe, *The Telegraph*, May 19, 2009, http://www.telegraph.co.uk/news/worldnews/piracy/5350183/Somali-pirates-embrace-capture-as-route-to-Europe.html,下载日期:2022 年 9 月 1 日。

⑥ Joo-yon Bae, Supreme Court Upholds Life Sentence for Somali Pirate, http://world.kbs.co.kr/english/news/news Po detail.htm? No-86943&id-Po,下载日期:2022 年 9 月 1 日。

⑦ Jeffrey Gettleman, Rounding up Suspects, the West Turns to Kenya as Piracy Criminal Court, *New York Times*, Apr. 24, 2009. at A8.

盗诉讼主要是基于国际社会的要求而非肯尼亚自身的意愿。在安理会第1851号决议的基础上，肯尼亚与英国、美国、欧盟和丹麦签署协议，上述国家可以将其逮捕的海盗犯罪嫌疑人在肯尼亚进行起诉和审判。① 但从2009年下半年起，肯尼亚已经开始减少对第三国军舰捕获海盗嫌疑人的司法审判，2010年肯尼亚以法庭和监狱负荷过重为由停止起诉被诉海盗。② 值得一提的是，中国也采取了第三国审判的方式，与塞舌尔签订了审判海盗的协议。其三是索马里海盗的特例，即各国根据安理会授权进入索马里领海所捕获的海盗交由索马里本国处置。这一方式因索马里政府自身的国内秩序崩溃而难以付诸实行。

综上所述，通过上述三种审判方式受到惩治的海盗在实践中仅属少数，更多的国家在审理海盗犯罪方面普遍存在消极处理的态度，如2008年丹麦军舰捕获10名索马里海盗嫌疑犯，在关押一周后就将嫌犯释放。因此，安理会在其第1918号决议中建议各成员国在其内国法律下对海盗行为进行惩处，并倡议建立一个地区性的或全球性的反海盗法庭。③

第二，调整海盗犯罪的国际法与国内法衔接不畅。虽然《联合国海洋法公约》对海盗行为作了定义，却没有要求公约成员国在国内立法中严格按照公约的定义，也没有为成员国提供示范法。其惩治海盗犯罪的规定是建立在各成员国均有完善的针对海盗犯罪的国内立法预设之上的。④ 事实上，这样的预设并不现实，许多成员国并没有建立起足够完善的国内反海盗立法，这种国内立法不足主要体现在几个方面：首先，一些国家国内立法中没有海盗罪条款，无法将抓获的海盗嫌疑人绳之以法，导致其履行普遍管辖的国际义务落空。其次，当成员国国内法中没有设立对海盗的强制管辖时，内国法院对海盗的审理缺乏主动性。⑤ 再次，各成员国是基于国际法的规定对海盗进行审理涉及国际法在内国的适用，各国对以内国法审理普遍管辖的案件设

---

① James Gathii, Kenya's Piracy Prosecutions, *American Journal of International Law*, 2010, Vol.104, p.434.

② James Gathii, Kenya's Piracy Prosecutions, *American Journal of International Law*, 2010, Vol.104, p.435.

③ S.C. Res. 1918, U.N. Doec. S/1918 (Apr. 27, 2010).

④ Martin Murphy, Piracy and the UNCLOS: Does International Law Help Regional States Combat Piracy?, in *Violence At Sea: Piracy in The Age of Globalt Errorism*, Peter Lehr, 2007, p.166.

⑤ Manjiao Chi, Finding out the "Achilles Heels": Piracy Suppression under International Law and Chinese Law, *Journal of East Asia and International Law*, 2012, Vol.7, p.21.

立了严格的要求,也是导致各成员国无意履行对海盗审判的原因。① 最后,由于各国国内法规定的不同,对海盗行为的处罚力度也不尽相同,难以实现惩治海盗的公平与统一。以印度尼西亚为例,依印尼法律的规定,海盗行为一般获刑3~4年,并允许保释,这种处罚力度较轻,难以发挥司法威慑的作用。同时,相关的国际条约还存在对海盗制裁的规定不明以及缺乏海盗审判程序性规定等缺陷,这些都是导致国内法与国际法衔接不畅的原因。

第三,烦琐的司法程序和高企的执法成本。对国际海盗犯罪的审判是跨国审判,涉及多方面的问题。首先,对于海盗行为的取证是各国共同面临的难题,特别是一国对非本国军舰拿捕的海盗嫌疑人进行审判时,这一问题更为突出,例如俄罗斯曾一度希望对海盗嫌疑人进行审理,但在起诉时发现海盗嫌疑人的身份、国籍及具体犯罪行为不能得到确定,这无疑增加了定罪量刑的难度。② 其次,审判海盗还涉及海盗嫌疑人的羁押、拘留以及给予人道主义待遇等问题,同时律师费用、受害人出庭作证以及审判的行政费用都使海盗审判的成本居高不下。从经济角度考虑,在没有外界资金支持的情况下,执法成本的高企也为各国惩治海盗的积极性带来负面影响。

国际社会对于海盗审理难的问题也给予高度关注,2012年12月安理会在第2077号决议中指出:"重申对海盗嫌疑人未接受司法审判便被释放感到关切,重申如果不起诉海盗和海上武装抢劫行为责任人,则会破坏国际社会反海盗努力,并决心创造条件,确保追究海盗的责任。"故需要结合海盗活动发展趋势和国际、国内立法来探讨如何改进海盗审判现状这一问题。

第一,效仿ICTY和ICTR,成立反海盗特别法庭。自国际社会联合打击索马里海盗以来,要求建立反海盗特别法庭的意见一直存在。在安理会第1918号决议中就强调"有必要处理由于索马里及其该区域其他国家司法系统能力有限而造成的各种问题,以便有效地起诉海盗嫌犯"并考虑"建立可能有国际单位的国内特别分庭、一个区域法庭或一个国际法庭以及相应的监禁安排。同时考虑到海盗问题联络小组的工作、建立国际法庭和混合法庭的现行做法以及取得和维持实质性成果所需要的时间和资源"。此后,在2011年安理会第1976号决议中,联合国表示"支持区域各国目前

---

① Michael Gagain, Neglected Waters: Territorial Maritime Piracy And Developing States: Somalia, Nigeria and Indonesia, *New England Journal of International and Comparative Law*, 2010, Vol.16, p.178.

② Lucas Bento, Towards An International Antipiracy Law Sui Generis: How The Dual Nature Of Maritime Piracy Enables Piracy To Flourish, *Berkeley Journal of International Law*, 2011, Vol.29, p.411.

为在该区域建立反海盗法庭或分庭作出的努力,欢迎各国和国际组织与海盗问题联络组协商",同时考虑"依循适用的人权法,按秘书长索马里沿海海盗行为所涉法律问题特别顾问杰克·兰报告中的建议(S/2011/30号文件附件)所述,设立索马里特别法庭,包括在索马里境外设立一个反海盗特别法庭,以审判索马里和该区域的海盗嫌犯"。① 包括中国、俄罗斯、荷兰、美国、欧盟在内的多个国家以及相关国际组织均对此特别法庭的建立表示支持并显示出了极大的热情。根据《联合国宪章》第七章的规定,安理会在履行为维持国际和平与安全的职能时,可行使立法和执法的权力,这是建立反海盗专门法庭的法律基础。建立这样的专门法庭,一方面,可以避开各国国内法不一的障碍,集中司法资源,实现国际社会对海盗审理结果的统一性;另一方面,专门法庭的建立能更好地补足现有海盗处理机制程序性规定缺乏的缺陷,促进国际社会打击海盗的积极性和有效性,从而使得通过法律手段解决海盗问题取得真正的实效。但是有学者担心,基于ICTY和ICTR的经验,建立和维持一个专门法庭需要大量资金的支持,联合国在资金缺乏的情况下能否有效维持反海盗法庭的运行,其可行性仍待商榷。②

第二,将反海盗犯罪纳入国际刑事法院的管辖范围。目前,国际刑事法院只对侵略罪、危害人类罪、战争罪和灭绝种族罪四种国际罪行具有管辖权。根据《联合国海洋法》和习惯国际法的规定,海盗罪是国际社会所公认的国际罪行,属于强行法的范畴,各国得以对其行使普遍管辖权。海盗罪与上述四种国际刑事法院所辖罪行在性质上具有一致性,同时可避免因单独设立专门法庭担心的成本问题,因此,将海盗罪纳入国际刑事法院的管辖范围在理论上具有可行性。但同时也要考虑到,国际刑事法院扩大管辖范围必然涉及对《罗马规约》的修改和解释,牵涉一百多个成员国,其所涉面积之广、修改条约程序之繁杂也势必会对这一方案的可操作性形成消极影响。

第三,设立信托基金支持对海盗的审理。在上文中曾提到目前国际社会对海盗审判不力的一个原因是审理的司法成本高昂挫伤了各国审理海盗的积极性。在晚近的实践中,联合国也认识到这一问题的严重性,在安理会第1950号决议中提及了IMO吉布提守则信托基金的经验,并积极支持各国对打击索马里海盗行为信托基金的建设。③ 2011年在第1976号决议中安理会重申了对建立信托基金的关注"敦促受海盗行为影响的国家和非国家行动者,尤其是国际航运业,通过支持各国采取举措打

---

① S.C. Res. 1976,U.N. Doec. S/1976 (11.Apr,2011).
② CNN Wire Staff, U.N. Eyes International Tribunals for Pirates,(2010-04-28)https://www.cnn.com/2010/CRIME/04/28/un.pirate.tribunals/index.html,下载日期:2024年1月12日.
③ S.C. Res. 1950,U.N. Doec. S/1950(13.Nov,2010).

击索马里沿海海盗行为信托基金,为上述司法和扣押相关项目提供资助"①。从权利义务分担的角度来看,打击海盗犯罪对维护国际海洋良好秩序,保障各国海上航行安全起着重要的作用,世界各国都是这一良性效应的获益者,基于此各国有义务共同分担因打击海盗而产生的成本。信托基金在资金筹集方式上应可采取半强制分摊方式,即对于主要海上获益国和航运机构强制规定一个基本认捐比例,在此基础上各国本着自愿的原则进行资金支助。这样半强制的分摊方式可以保证基金认捐的基本份额,本着成本与收益对等的公平原则使主要获益者承担其应有的责任,避免"公地悲剧"的发生。

(三)国际海盗治理方式的展望

1.建立防治海盗信息共享平台体现了国际海盗合作治理的新趋势

海盗行为的泛滥给国际社会造成了严重的危害,国际社会一直致力于探寻有效的海盗治理模式,从目前的实践来看,海盗信息共享平台是较为成功的范例。

防治海盗信息平台最早是源于亚洲国家打击海盗的区域性合作。1997年亚洲金融危机爆发使该区域的海盗和海上武装抢劫船舶活动日渐增长,严重的海上安全威胁促使亚洲国家签订了意在打击海盗的《亚洲地区反海盗及武装劫船合作协定》,ReCAAP协议于2006年正式生效,到目前为止拥有18个成员国。② 在ReCAAP的基础上,为了更好地履行打击海盗的责任,成员国在日本的倡议下于2006年11月在新加坡建立起了ReCAAP的信息共享中心(ISC)。这一信息共享中心24小时运行提供最新的海上信息,确保和维护马六甲海峡重要国际航道的海运安全,被称为该区域打击海盗的永久性前哨站。ReCAAP海盗信息共享中心的主要功能包括:为缔约国提供有关海盗和武装劫船事件的信息;帮助和支持缔约国在该地区反海盗能力的建设;积极促进国际反海盗各项合作的建立。近年来,信息共享中心增加了航运指导的功能,如发布《拖轮与驳船打击海盗指南》,介绍海盗作案方法,进行航线设计指导,建立船东、船长和船员在航行中的报告责任,为船舶航行中免受海盗劫持提供帮助。同时ReCAAP-ISC为便利重要信息的共享还建立了信息融合中心(Information Network System,IFN),在实践中IFN与ReCAAP-ISC合作,通过联动报告机制,对发生在协议区域内的海盗及武装劫船事件进行及时通报和信息交换,并联合沿岸

---

① S.C. Res. 1976,U.N. Doec. S/1976 (11.Apr,2011).
② ReCAAP的18个成员国包括:孟加拉国、文莱、柬埔寨王国、中国、印度、日本、韩国、老挝、缅甸、挪威、菲律宾、新加坡、斯里兰卡、泰国、越南、丹麦、荷兰和英国。

国及相关机构对受害船只进行解救。① ReCAAP-ISC打击海盗模式成绩斐然,为亚洲特别是东南亚地区打击海盗犯罪提供了有效助力。2012年4月,国际海事组织主席Koji Sekimizu在反海盗与海上武装劫船会议上表示ReCAAP信息共享中心作为反海盗的首个具有开创性的反海盗地区治理机制为国际反海盗犯罪提供了成功的范例。②

在此基础上,IMO积极推动其他地区建立起类似的区域合作机制。2009年由IMO在吉布提发起的一次会议上,该地区各国政府通过了《关于打击西印度洋和亚丁湾海盗及武装抢劫船舶的吉布提行为守则》这一区域协定。根据该协定的规定,各缔约国积极开展反海盗合作,并建立通过国家协调中心和信息中心进行海盗信息共享的平台,通过这一平台缔约国对该区域进行的海盗和持枪抢劫船舶行为进行定期报告,同时还可通过拦截犯罪船舶、抓捕并起诉海盗犯罪嫌疑人等方式打击海盗行为。在《关于打击西印度洋和亚丁湾海盗及武装抢劫船舶的吉布提行为守则》下建立了三个信息共享中心,分别位于坦桑尼亚共和国的达累斯萨拉姆、肯尼亚的蒙巴萨和也门的萨那。这三个中心在2011年上半年开始运行,并在收集、传送海盗事件信息以及打击海盗行动方面起到了积极的作用。同时在IMO的努力下,上述各信息共享中心之间已实现了全面的对话。各区域间的反海盗信息共享中心之间的信息交换和反海盗能力建设都将得到加强。

从上述实践不难看出,建立区域性乃至全球性海盗信息共享中心将成为各国间区域合作乃至全球合作打击海盗犯罪的一个趋势。当然,未来海盗信息共享中心的职能也将不局限于定期发布海盗活动报告,而会在对船舶、航运企业和国际组织提供技术标准和信息指导方面发挥更为广泛的作用。

2.护航国际合作机制常态化

军舰护航是国际社会打击海盗行为的有效途径之一,2008年联合国安理会第1816号决议"索马里局势:授权打击海盗和武装劫船行为"中提到"2008年2月27日索马里共和国常驻联合国代表给安全理事会主席的信,信中向安全理事会转达过渡联邦政府同意接受紧急援助,以保护索马里领海和沿岸国际水域,确保船运和航行的安全",同时还强调"在过渡联邦政府事先知会秘书长情况下同过渡联邦政府合作打击索马里沿海海盗和武装抢劫行为的国家可:(a)进入索马里领海,以制止海盗及海

---

① 2010年2月6日发生的新加坡注册的拖轮ASTA在马来西亚海域与船东失去联系,信息共享中心接到报案后持续对其进行追踪,最终由菲律宾海岸警卫队(coast guard)进行了成功的解救。

② http://www.imo.org/MediaCentre/SecretaryGeneral/SpeechesByTheSecretaryGeneral/Pages/ReCAAP-ISC-PIRACY.aspx,下载日期:2022年8月23日。

上武装抢劫行为,但做法上与相关国际法允许的在公海打击海盗行为的此类行动相一致;(b)以同相关国际法允许的在公海打击海盗行为的行动相一致的方式,在索马里领海内采用一切必要手段,制止海盗及武装抢劫行为"。① 这可看作是各国在索马里海域进行护航的基础。

打击索马里海盗护航活动已有十年时间,其积极效益日渐凸显。截至2022年5月,中国已派出41批护航编队赴亚丁湾进行护航。② 各国护航行动也从只负责本国船舶的单独护航到进行联合护航。事实上,在联合护航中各国海军根据本国实际情况采取了不同的合作方式,如北约、欧盟等多边组织采取分区护航;中、印、日、韩等独立护航国家采取船期协调的合作方式。③ 尽管合作方式各异,但合作护航确实在信息共享、资源统筹、兵力行动协调以及后勤补给等方面取得了良好的效果,是值得长期采取的护航方式。可以说,护航合作常态化,不仅有利于海盗打击的效率,还能增强各国军事交流与互信,是打击海盗行为的长效方式。

二、海上恐怖主义对海上航运安全的挑战与应对

海上恐怖主义,顾名思义就是在海上实施的恐怖主义活动,这意味着海上恐怖主义既具有国际恐怖主义的普遍特征,也具有其在海上活动的特殊性。自"9·11"事件以来,恐怖主义活动受到世界各国的广泛关注,学界对恐怖主义的研究颇多,仅对恐怖主义的定义就多达一百种,④但由于恐怖主义特征复杂化⑤、判断标准多样且涉政治性强,国际社会难以形成一个权威的定义,这显然对在全球范围内打击恐怖主义活动形成不利的影响。在这样的背景下,作为恐怖主义样态之一的海上恐怖主义也面临着同样的治理难题。

---

① S/RES/1816(2008),(2,June,2008).

② 《中国海军第41批护航编队起航赴亚丁湾》,http://www.mod.gov.cn/action/node_46960.htm,下载日期:2022年5月23日。

③ 自2013年1月起,中国、日本、韩国、印度等国通过相互协调各自护航班期进行合作护航,对护航效率的提高、打击海盗的效果来说具有积极的影响。http://www.hbjs.gov.cn/art/2012/12/28/art_30_220492.html,下载日期:2022年3月23日。

④ 郑远民、黄小喜、唐鄂:《国际反恐怖法》,法律出版社2005年版,第291页。

⑤ Brian Michael Jenkins曾这样表述恐怖主义:"没有哪个定义可以涵盖历史上出现过的所有不同的恐怖主义形态。"See Brian Michael Jenkins, *The Study of Terrorism: Definitional Problem*, Rand Corporation,1980,p.10.

(一)海上恐怖主义对海上航运安全的挑战

亚太安全合作理事会(Council for Security Cooperation in the Asia Pacific, CSCAP)将海上恐怖主义表述为:"恐怖分子在以海洋环境为特征的行为或行动,攻击在海上或港口的船舶或固定平台,或船舶及固定平台上所搭载的乘客或船员,袭击包含旅游景点、港口或港口城市等在内的海岸设施或建筑物。"①如前所述,与其他形式的恐怖主义活动相比,海上恐怖主义的特点主要表现为行为地点的不同,主要在海上、内河或与水体相连接的码头和水上设备上实施。② 在其他方面,海上恐怖主义与一般的恐怖主义一样具有以下特点:首先,在行为方式上,通常以暴力或强制(violence, force)的方式进行;其次,在目的上,海上恐怖主义活动普遍具有政治目的,带有政治性诉求;最后,在行为结果上,海上恐怖主义活动多以达到使社会产生恐怖或恐惧情绪(fear, terror)为意。③ 据统计,在过去的30年间,相对于其他形式的恐怖主义来说,海上恐怖主义事件发生的次数较少,海上恐怖主义案件仅占全部恐怖主义案件总量的2%。④ 尽管海上恐怖主义案件发生的概率小,但其造成的破坏和影响十分恶劣,因此各国在防止海上恐怖主义上不遗余力,每年花费数十亿美元用以保护港口、船舶及人员免于海上恐怖主义的威胁。

据统计目前世界范围内约有44个恐怖组织,其中有10个恐怖主义组织具有实施海上恐怖主义活动的能力,它们具体是:"基地组织"、阿布·尼达尔组织、阿布沙耶夫组织、巴斯克民族和自由组织、哈马斯、真主党、伊斯兰祈祷团、拉什卡-塔伊巴组

---

① Prakash, Metaparti Satya, Maritime Terrorism: Threats to Port and Container Security and Scope for Regional Cooperation, Paper presented at the 12th Meeting of the Council for Security and Cooperation in the Asia-Pacific (CSCAP) Working Group on Maritime Cooperation, Singapore, 10-11 December, 2002.

② Martin N. Murphy, *Small Boats, Weak States, Dirty Money: The Challenge of Piracy*, Columbia University Press, 2009, p.185.

③ 这三点是学者Schmid通过对1936年至1980年出现的109个恐怖主义定义进行统计分析,发现这些定义中一半以上的定义都包含了这三要素,由此可以认为,这三种要素是学界所公认的、没有争议的有关恐怖主义的典型要件。See Alex P. Schmid, *Political Terrorism: A Research Guide to Concepts, Theories, Data Base and Literature*, North Holland Publishing, 1983, pp.76-77;刘仁山、尹生、简基松等:《国际恐怖主义法律问题研究》,中国法制出版社2011年版,第19页。

④ Peter Chalk, Maritime Terrorism in the Contemporary Era Threat and Potential Future Contingencies, in The MIPT Terrorism Annual, National Memorial Institute for the Prevention of Terrorism 2006.

织、泰米尔独立猛虎解放组织以及巴勒斯坦解放阵线-阿布·阿巴斯派。[①] 以东南亚海域为例,活跃在该地区的恐怖组织包括阿布沙耶夫恐怖组织[②]、伊斯兰祈祷团、自由亚齐运动[③],及摩洛伊斯兰解放阵线等。上述恐怖组织制造了多起骇人听闻的海上恐怖主义事件,其中有代表性的事件有:"Achille Lauro"号油轮案、"科尔"号驱逐舰被袭案[④]、"林伯格"号油轮被袭案[⑤]以及菲律宾"超级渡轮"号爆炸案[⑥]等。尤其是东南亚苏禄海域接连发生由菲律宾阿布沙耶夫恐怖组织进行的海上暴力事件,仅2017年既遂案例多达10起。

总结已发生的海上恐怖事件并结合最新的海洋安全形势,我们可以对海上恐怖主义的特点及其发展趋势作出这样的判断:当代海上恐怖主义事件多发于一些政治、经济形势不稳定的国家沿岸。随着恐怖组织实力的增强,海上恐怖主义活动不仅破坏力会增强,其范围也将会呈不断扩大之势,危及与世界经济贸易密切相关的重要海域和国际海上通道如东南亚的马六甲海峡、中东的霍尔木兹海峡等。这些咽喉要道一旦遭到袭击,后果难以预料。《2010年全球风险报告》(Global Risks 2010)称:"如果恐怖主义袭击导致一个港口或一个海峡关闭数周的话,将对构成全球经济的供应链造成破坏,给全球贸易带来巨大影响。"

---

① Maritime Terrorism: How Real is the Threat? http://www.fairobserver.com/article/maritime-terrorism-how-real-threat, 下载日期:2022年8月1日。

② 阿布沙耶夫组织是活跃在菲律宾南部的伊斯兰教恐怖组织,其目标是通过"圣战"在菲律宾南部建立一个伊斯兰教国家。该组织拥有上千名支持者,擅长海上恐怖袭击。See Rommel C. Banlaoi, The Abu Sayyaf Group: Threat of Maritime Piracy and Terrorism, *Violence at Sea: Piracy in the Age of Global Terrorism*, Routlege, 2007, p.123.

③ 自由亚齐运动组织成立于1976年,其目标在于在印尼亚齐省成立一个独立的伊斯兰国家。由于亚齐位于马六甲海峡,地理位置的特殊性使自由亚齐运动在马六甲海峡频繁实施海上恐怖主义、海上抢劫等暴力活动,并以上述不法活动筹集的资金用于政治活动,严重威胁马六甲海域的海上安全。Anthony Davis, Police Interdict Arms Traffic to Aceh, *Jane's Intelligence Review*, 1 Apr, 2004.

④ 2002年两名基地组织成员用满载200余公斤炸药的橡皮艇,袭击了停泊在亚丁湾的美国驱逐舰"科尔"号。这次袭击导致了17名美军士兵死亡,39人受伤,驱逐舰险些沉没。Harold W. Gehman Jr, Lost Patrol: The Attack on the USS Cole, *US Naval Institute Proceedings*, 2001, Vol.1227, pp.33-37.

⑤ 2002年,基地组织以炸弹攻击的方式在也门海域袭击了法国籍的"林伯格"号油轮,造成9万桶原油泄漏的严重事件。See Michael Richardson, A Time Bomb for Global Trade: Maritime related Terrorism in an Age of Weapons of Mass Destruction, Singapore: Institute of Southeast Asian Studies, 2004, p.18.

⑥ 2004年,阿布沙耶夫组织以"圣战行动"为名,在马尼拉港实施了"超级渡轮"号爆炸案。该爆炸袭击导致了"超级渡轮"号起火毁损,造成116名乘客死亡,300余名乘客受伤。许可:《当代东南亚海盗研究》,厦门大学出版社2009年版,第104页。

(二)海上恐怖主义与海盗关系之辩

基于海上恐怖主义对全球经济安全和航运安全的影响,打击海上恐怖主义与打击海盗同样成为国际社会的共同诉求。但由于海上恐怖主义与海盗行为在许多方面都存在着紧密联系,因此厘清二者之间的关系是有效治理海上恐怖主义的前提之一。

事实上,传统意义上的海盗行为和海上恐怖主义行为的区别还是较为鲜明的,其具体表现在行为主体、行为方式、行为目的等上的明显区别。

表 2-5 海盗与海上恐怖主义行为的区别[①]

	海盗行为	海上恐怖主义行为
行为主体	个人、私主体	武装势力、军事组织
目 的	私人目的	政治目的
行为方式	袭击海上船舶	攻击海上船舶,或以海上船舶形式向固定平台、港口设施等发起袭击
作案工具	小艇、快艇以及母船	船舶、炸弹
作案形式	袭击后逃离	袭击后逃离、自杀式袭击
主要攻击目标	平民、商船	平民、商船、带政府或军事性质的目标

随着航海技术的不断发展,海上恐怖主义和海盗事件频繁发生,其在行为样态上呈现方式多元化、合作紧密化的态势,这主要体现在:首先,海上恐怖主义和海盗的紧密协作,其主要体现在二者进行互利合作,如在武器、文件与安全据点的提供以及技术、情报或劳务的交流。其次,海上恐怖主义和海盗行为的融合,具体表现为海上恐怖主义分子与海盗行为人在进行非法活动时形成一种伙伴关系,在共同利用犯罪机会,以互利为目的进行犯罪行为。最后,海上恐怖主义和海盗的转型,有学者指出"随着当代海上安全形势的日益复杂,海上恐怖主义的行为目的已不单单限于政治目

---

① Bjørn Møller, Piracy, Maritime Terrorism and Naval Strategy, *Danish Institute for International Studies Report* 2009, p.24.

的",一部分海上恐怖活动转型为海盗犯罪。[①]

基于上述变化,有观点将海上暴力行为分为四类:传统型海盗行为、政治型海盗行为、以经济为目的的海上恐怖主义行为以及传统海上恐怖主义行为。[②] 如前所述,传统海盗行为和传统海上恐怖主义行为的区别较为显著,各国在对其实施惩治措施的时候也能找到相应的适用法律和司法程序,在此亦不赘述。而政治性海盗行为和以经济为目的的海上恐怖主义行为的区别则相对困难。对于二者的区别我们不能仅从表象上来看,事实上一些恐怖组织往往通过实施海盗行为为其从事恐怖主义活动获取经济支持,在这种情况下将其简单地划归为海盗行为是不恰当的,因为这一行为的动机并不符合传统海盗"私人目的"的要件,将这一行为定义为政治性海盗更为恰当。与此不同的是,以经济为目的的海上恐怖主义则是指以获取经济收益为第一前提的且兼具政治动机的海上恐怖主义行为。但是在实践中,这一类型的海上恐怖主义行为很少发生,迄今为止仅有一例,即上文中提及的2004年的"超级渡轮"号事件。美国国防部报告称,在此事件发生前一年,一份有关全球恐怖主义的报告指出袭击"超级渡轮"号的阿布沙耶夫组织"主要为了经济利益而实施恐怖袭击",[③]此后几年该恐怖组织日渐增长的经济实力和更为明显的经济动机也证实了这一点。[④] 虽然此类海上恐怖主义事件数量较少,但由于全球经济低迷,其在未来仍有可能发生。

综上所述,笔者认为,海上恐怖主义行为随着其行为样态和动机的变化也呈现出了新的发展趋势。虽然目前发生的绝大部分海上恐怖主义行为在行为方式、行为目的、行为主体等要件上仍属于传统的海上恐怖主义行为,但不能忽略新型海上恐怖主义行为的出现。只有明晰海上恐怖主义与海盗等相近罪行的区别,了解其行为的特点与性质,才能更好地达到全面打击和惩治海上恐怖主义的目的。

---

① Martin N. Murphy, Contemporary Piracy and Maritime Terrorism: The Threats to International Security, *Adelphi Papers*, 2007, Vol.47, No.388, p.78.

② Andreas Graf, Countering Piracy and Maritime Terrorism in South East Asia and off the Horn of Afria—Applying the lessons learned from the Countermeasures against Maritime Violence in the Strait of Malacca to the Gulf of Aden, *Pirat-Working Papers on Maritime Security*, April 2011, No.5, p.18.

③ U.S. State Department (2003), Patterns of Global Terrorism, Appendix B, http://www.state.gov/s/ct/rls/pgtrpt/.

④ Murphy, Martin N, Contemporary Piracy and Maritime Terrorism, *Adelphi Series*, 2007, Vol.47, No.3.

(三)海上恐怖主义管辖权的思考

管辖是惩治海上恐怖主义的前提条件之一,只有在管辖权明确的基础上才能谈如何防范、惩处该犯罪行为。如上文所述,海上恐怖主义行为危害广泛,国际社会亦不遗余力地对其进行惩治。但不同的是,恐怖主义犯罪的管辖问题相对其他犯罪更为复杂,一方面,各国对恐怖主义犯罪认识上的差异导致其治理理念的不同;另一方面,在法律技术上,几种管辖原则的冲突、普遍管辖的适用等问题都需要得到解决。本部分所探讨的海上恐怖主义管辖权问题实际上就是恐怖主义犯罪刑事管辖权问题。国际法范畴下的海上恐怖主义管辖权则是各国通过订立国际条约或缔结双边、多边协议而获得的,因此本书的讨论也从与之相关的国际立法展开。

1.惩治海上恐怖主义犯罪的国际立法对管辖的规定

目前国际社会尚无专门针对海上恐怖主义行为的国际立法,但作为恐怖主义的一种,海上恐怖主义理应受国际反恐法律机制的调整。有学者提出调整国际恐怖主义的法律机制有广义和狭义之分,广义的国际反恐法律机制是指所有可适用于防止和惩治恐怖主义的国际法原则、规则和制度;狭义的国际反恐法律机制是指有关恐怖主义的国际立法。[1] 本书将在狭义的语境下展开论述。

(1)《关于国际恐怖主义的全面公约(草案)》

从1972年起联合国就已将恐怖主义视为重要的国际问题,迄今为止,在与具体恐怖活动有关的联合国框架内,已拟定了13份有关反对国际恐怖主义的国际公约。[2] 上述公约为打击国际恐怖主义行为提供了法律依据,但在某种程度上仍存在着"一类型一公约"的立法模式。为在全球范围内打击恐怖主义提供统一的法律支持,目前联合国正在就第十四项国际公约,即《关于国际恐怖主义的全面公约(草案)》进行协商。该公约是一项全面禁止恐怖主义并适用于所有情况的普遍性反恐公约,

---

[1] 黄瑶:《论国际反恐法的范畴》,载《吉林大学社会科学学报》2010年第5期。
[2] 这13份国际公约包括:1963年《关于在航空器内的犯罪和犯有某些其他行为公约》、1970年《关于制止非法劫持航空器的公约》、1971年《关于制止非法危害民用航空安全的非法行为的公约》、1973年《关于防止和惩处侵害应受国际保护人员包括外交代表的罪行的公约》、1979年《反对劫持人质国际公约》、1980年《核材料公约》、1988年《制止在为国际民用航空服务的机场上的非法暴力行为的议定书》、1988年《制止危及海上航行安全非法行为公约》、1988年《制止危及大陆架固定平台安全非法行为议定书》、1991年《关于注标塑性炸药以便探测的公约》、1997年《制止恐怖主义爆炸事件的国际公约》、1999年《制止向恐怖主义提供资助的国际公约》、2005年《制止核恐怖主义行为国际公约》。http://www.un.org/chinese/terrorism/instruments.shtml,下载日期:2022年8月21日。

其突破了以往立法局限于部门性反恐的限制,也是对国际反恐法规碎片化现状的改变,①一旦订立成功,将对国际反恐怖主义产生深刻的影响。

目前,从《关于国际恐怖主义的全面公约(草案)》的最新版本来看,对管辖权的规定主要集中在第4条、第7条和第22条中。《关于国际恐怖主义的全面公约(草案)》第4条确立了缔约国的属地管辖与属人管辖原则,即一国对其境内实施的施害人与受害人均为该国国民的恐怖主义犯罪享有排他管辖权。② 可见,《关于国际恐怖主义的全面公约(草案)》肯定了缔约国的司法主权,在管辖权的设置上排除了对完全在一国境内实施的恐怖主义的刑事管辖。《关于国际恐怖主义的全面公约(草案)》第7条共有6款,详细规定了缔约国行使管辖权的情况,即各缔约国依照属人、属地和保护管辖原则对不同情形下的犯罪行为行使管辖权。③ 同时,《关于国际恐怖主义的全面公约(草案)》第7条第5款对管辖权的积极冲突作出规定,要求相关缔约国在起诉条件、法律互助等方面应协调行动。《关于国际恐怖主义的全面公约(草案)》第22条的规定表明,一国根据该公约取得的管辖权的效力仅及于其国境内,不具有域外效力,为缔约国之间的管辖权划清了界限。④

---

① 刘仁山、尹生、简基松等:《国际恐怖主义法律问题研究》,中国法制出版社2011年版,第224页。

② 《关于国际恐怖主义的全面公约(草案)》第4条:"本公约不适用于犯罪仅在一国境内实施、被指控罪犯和被害人均为该国国民、被指控罪犯在该国境内被发现,而没有其他国家具有根据本公约第7条第1款或第2款行使管辖权的基础的情况,但本公约第9条、第13条至第17条的规定应酌情适用于这些情况。"

③ 《关于国际恐怖主义的全面公约(草案)》第7条:"一、每一缔约国应酌情采取必要措施,在下列情况下确立对本公约第2条所述犯罪的管辖权:(一)犯罪在本国境内实施;或(二)犯罪发生在犯罪实施时悬挂本国国旗的船舶或根据本国法律登记的航空器上;或(三)犯罪行为人是本国国民。二、在下列情况下,缔约国也可以确立对任何这些犯罪的管辖权:(一)犯罪行为人是其惯常居所在本国境内的无国籍人;或(二)犯罪全部或部分在本国境外实施,但犯罪行为的后果或所意图产生的后果构成或导致在本国境内实施第2条所述犯罪;或(三)犯罪的对象是本国国民;或(四)犯罪的对象是本国在国外的国家或政府设施,包括本国使馆或其他外交或领事馆舍;或(五)犯罪的意图是迫使本国实施或不实施某一行为;或(六)犯罪发生在本国政府营运的航空器上。三、每一缔约国在批准、接受、核准或加入本公约时,应通知联合国秘书长本国根据国内法,依照本条第2款规定确立的管辖权。遇有修改,有关缔约国应立即通知秘书长。四、如果被指控罪犯在某一缔约国境内,而该缔约国不将该人引渡至根据本条第一、第二款确立了管辖权的缔约国,该缔约国也应酌情采取必要措施,确立其对第2条所述犯罪的管辖权。五、如果多个缔约国对第2条所述犯罪主张管辖权,相关的缔约国应力求适当协调行动,特别是在起诉条件以及在提供相互法律协助的方式方面。六、在不妨害一般国际法规范的情况下,本公约不阻止缔约国行使依照其国内法确立的任何刑事管辖权。"

④ 《关于国际恐怖主义的全面公约(草案)》第22条:"缔约国无权根据本公约在另一缔约国境内行使管辖权或履行该另一缔约国当今根据本国现行法律拥有的专属职能。"

总体来看,《关于国际恐怖主义的全面公约(草案)》在对恐怖主义行为的管辖原则上,公约规定了属地原则、属人原则及保护管辖原则,对普遍管辖原则未置一词。同时公约在管辖权制度的设计上确立了国内管辖权与公约管辖权重叠适用的方法,这使得公约管辖权的行使更加全面。其积极意义在于兼顾了国家司法主权与国际法责任,但正是由于对国家司法主权的过度顾及,使公约在国际管辖层面的管辖上缺乏强有力的规定,这在未来的实施中可能会导致公约的规定流于原则层面。

(2)《制止危及海上航行安全非法行为公约》

《制止危及海上航行安全非法行为公约》(以下简称 SUA 公约)是 IMO 在 1985 年"阿基莱劳罗"号海上恐怖主义事件发生后成立专门筹备委员会所制定的专门针对危害海上航行安全非法行为的国际公约。SUA 公约规定了"危害海上航行安全罪",即指故意实施暴力、暴力相威胁或其他恐怖活动,危害国际民用船舶航行安全,破坏海上航行秩序的行为。[①] SUA 公约第 3 条是核心部分,它定义了危及海上航行安全的具体行为类型。[②] 这些行为种类涵盖了历史上有关海盗的习惯法以及有关危害海上安全的罪行的现代国际刑法的原则,为各国打击海上非法行为提供了较为明确的范围和标准。而有关危及海上航行安全行为的管辖权的规定则主要体现在 SUA 公约第 6 条。第 6 条第 1 款规定缔约国根据属人管辖原则和属地管辖原则对海上非法行为享有管辖权;[③] 第 6 条第 2 款则阐明了缔约国对非法行为行使保护性管辖的几

[①] 赵秉志主编:《国际恐怖主义犯罪及其防治对策专论》,中国人民公安大学出版社 2005 年版,第 225～226 页。

[②] SUA 公约第 3 条规定:"1.任何人如非法并故意从事以下活动,则构成犯罪:(a)以武力或武力威胁或任何其他恐吓形式夺取或控制船舶;或(b)对船上人员施用暴力,而该行为有可能危及船舶的航行安全;或(c)毁坏船舶或对船舶或其货物造成有可能危及船舶航行安全的损坏;或(d)以任何手段把某种装置或物质放置或使之放置于船上,而该装置或物质有可能毁坏船舶或对船舶或其货物造成损坏而危及或有可能危及船舶航行安全;或(e)毁坏或严重损坏海上导航设施或严重干扰其运行,而此种行为有可能危及船舶的航行安全;或(f)传递其明知是虚假的情报,从而危及船舶的航行安全;或(g)因从事(a)至(f)项所述的任何罪行或从事该类罪行未遂而伤害或杀害任何人。2.任何人如从事下列活动,亦构成犯罪:(a)从事第一款所述的任何罪行未遂;(b)唆使任何人从事第一款所述的任何罪行或是从事该罪行的同谋;或(c)无论国内法对威胁是否规定了条件,以从事第一款(b)项、(c)项和(e)项所述的任何罪行相威胁,旨在迫使某自然人或法人从事或不从事任何行为,而该威胁有可能危及船舶的航行安全。"

[③] SUA 第 6 条第 1 款:"在下列情况下,每一缔约国应采取必要措施对第 3 条所述的罪行确定管辖权:(a)罪行发生时是针对悬挂其国旗的船舶或发生在该船上;或(b)罪行发生在其领土内;或(c)罪犯是其国民。"

种情形;[①]同时在该条第5款中还规定了不排除缔约国按照其国内法行使任何刑事管辖权,这给予缔约国选择使用管辖权的余地。总的来看,SUA公约确立了对海上非法行为的属人管辖、属地管辖和保护管辖,较为明确地解决了惩处危害海上安全犯罪的管辖问题。

(3)《制止危害大陆架固定平台安全非法行为议定书》

在上文中曾提到,海上固定平台是海上恐怖行为的攻击对象之一,大陆架固定平台的安全不仅关系到各国对大陆架自然资源利用的顺利与否,还会影响人类在大陆架海域的正常海洋开发活动。基于此,1988年IMO制定并通过了《制止危及大陆架固定平台安全非法行为议定书》(Protocol for the Suppression on Unlawful Acts against the Safety of Fixed Platforms Located on the Continental Shelf,简称《议定书》),意在保障大陆架固定平台免受恐怖主义之危害。该《议定书》正文共10条,规定了"危害大陆架固定平台安全罪",即指故意实施暴力、暴力威胁或其他恐怖活动,危害大陆架固定平台安全,破坏公海秩序的行为。[②] 该《议定书》有关管辖权的规定体现在第3条中,同SUA公约一样,它确立了各国对危及固定平台安全罪行的属地管辖、属人管辖和保护管辖。

上述三个与海上恐怖主义关联密切的国际公约,构成了调整海上恐怖主义犯罪最主要的国际法规范。通过对这三个法律文件就海上恐怖主义犯罪管辖权规定的解读不难发现,目前海上恐怖主义的管辖主要还是由属地原则、属人原则和保护管辖三者构成。有观点认为,现有的三种管辖方式容易造成国际社会打击海上恐怖主义的单边化,这种单边化的结果往往导致恐怖主义在上述管辖模式之间的制度缝隙中逃脱法律责任。[③] 由此,一些学者提出通过运用普遍管辖权来惩治海上恐怖主义,弥补传统管辖方式的弊端。那么,这个建议是否可行,其利弊何在,本书拟作浅要分析。

2.海上恐怖主义适用普遍管辖的可行性分析

普遍管辖权是指根据国际法的规定,对普遍危害国际和平与全人类共同利益的某些特定国际罪行,无须考虑罪犯国籍、犯罪行为地等因素,各国均有权对其行使管

[①] SUA第6条第2款:"在下列情况下,一缔约国也可以对任何此种罪行确定管辖权:(a)罪行系由惯常居所在其国内的无国籍人所犯;或(b)在案发过程中,其国民被扣押、威胁、伤害或杀害;或(c)犯罪的意图是迫使该国从事或不从事某种行为。"

[②] 赵秉志主编:《国际恐怖主义犯罪及其防治对策专论》,中国人民公安大学出版社2005年版,第225~226页;赵秉志、阴建峰:《论惩治恐怖活动犯罪的国际国内立法》,载《法制与社会发展》2003年第6期。

[③] Illiam H. Boger, International Cooperation in the Prevention and Suppression of Terrorism, *American Society of International Law Proceedings Journal*, 1986, Vol.80, p.386.

辖的权利,其实质即通过国际法的规定赋予每个主权国家对国际犯罪的刑事管辖权。

普遍管辖权的适用源起于19世纪,当时国际社会对海盗行为等国际罪行已开始适用普遍管辖。进入20世纪,普遍管辖权的适用范围逐渐扩大,从海盗罪、反人类罪、战争罪等扩大到国际公约明确禁止的犯罪行为,如劫持和毁坏飞机罪、麻醉品交易等。尽管普遍管辖范围呈不断扩大之势,但恐怖主义一直未被列入普遍管辖之内。那么究竟海上恐怖主义能否适用普遍管辖呢?

从合理性的角度来分析,海上恐怖主义犯罪适用普遍管辖权确实有其可行之处。首先,普遍管辖通常是针对国际法所明确规定的国际犯罪。在联合国致力推动的《关于国际恐怖主义的全面公约(草案)》中将恐怖主义定义为"国际法所规定的严重犯罪"。① 可见,恐怖主义行为在性质要件上符合了普遍管辖关于国际犯罪的要素。其次,从行为的危害性上,适用普遍管辖的犯罪行为是给国际和平安全以及人类共同利益带来严重威胁的行为。从已发生的多起海上恐怖主义事件可看到,海上恐怖主义行为扰乱正常的海洋安全秩序,并且伴随对人员和财产的破坏性伤害,其对国际社会的危害甚至数倍于受普遍管辖的海盗行为。最后,国际法律文件为恐怖主义的普遍管辖奠定了政策基础。联合国已出台了13个关于惩治恐怖主义犯罪的公约,从不同的角度强调各国打击恐怖主义的共同义务和责任。

如前所述,既然海上恐怖主义犯罪具备适用普遍管辖的可行性,但为何国际刑事法院将恐怖主义行为排除在其管辖之外,②又为何相关的国际公约到目前为止也没有对该行为的普遍管辖作出明确的规定。其原因有二:一方面,恐怖主义的定义尚未明晰。在前文中曾提到,国际社会对什么是恐怖主义,什么是海上恐怖主义有多种表述,但囿于上述定义涉及判定标准的不同、政治立场的不同,导致各国难以对恐怖主义形成统一的认识。在实践中往往会出现同一组织、同一行为在一方眼中属于恐怖主义,而于另一方则反之的情形。在目前恐怖主义尚未能统一定义,恐怖组织的认定缺乏统一标准的客观情况下,对恐怖主义适用普遍管辖的前提条件并不充分,强行适用可能会出现部分国家借打击恐怖主义之名行政治干涉之实的后果。另一方面,普遍管辖权是一把双刃剑,它可能对国家的司法主权和利益造成减损。实际上,普遍管

---

① 《关于国际恐怖主义的全面公约(草案)》第2条:"本公约所称的犯罪,是指任何人以任何手段非法和故意致使:(1)任何人死亡或重伤;(2)公共或私人财产,包括公用场所、国际或政府设施、公共运输系统、基础设施或环境严重受损,而此种损害造成或可能造成重大经济损失,而且根据行为的性质或背景,其目的是恐吓某一人,或迫使某国政府或某一国际组织从事或不从事某种行为。"

② 国际刑事法院仅在恐怖主义行为触犯种族灭绝罪、反人类罪、战争罪等适用普遍管辖的罪行时对其实施管辖,其对恐怖主义并没有管辖权。

辖权不应被孤立看待,只有当可基于属地主义或积极和消极的属人主义行使管辖权的法院不能或出于某种原因不能行使管辖权时,普遍管辖才可作为最后的手段。若动辄以普遍管辖权为由对另一国行使管辖,可能造成普遍管辖的滥用。[1] 这也是国际法上对普遍管辖适用较为谨慎的原因之一。

综上所述,对于海上恐怖主义的管辖权问题,从理论上该行为确实具备适用普遍管辖原则的要素,但从可行性上看对海上恐怖主义适用普遍管辖在客观条件上还不成熟。所以,较为现实的方式仍是在现有的管辖机制下,各国从国内立法、执法上加强对海上恐怖主义的治理;同时积极进行双边、多边国际协作,在全球和区域框架下开展对海上恐怖主义的打击。

第三节 影响海上航运安全的港口因素

港口作为海上航运的重要物流节点,不仅对沿岸国家和地区的经济发展具有积极作用和溢出效应,对航运安全也有着重要的影响。首先,海上通道的存在依赖于港口,港口是水陆交通的集结点,也是实现海上运输的基本要素。港口的存在决定了航路的走向,进而构成现有的海上通道。其次,港口是海上通道中具有地缘战略价值的重要枢纽,港口除了拥有人员往来、物流运输、商业贸易的经济价值,还具有停泊补给、后勤保障、工事布防的战略价值,被称为"海上战略支点"。最后,港口对于沿线海上通道安全有着重要的作用,港口的良性运转是海上通道维持正常航行秩序的基础,一旦通道中的港口,特别是枢纽港口受阻,海上通道将会面临较大的安全风险。因此,有良好的基础设施、便利化程度高、治理水平良好的沿岸国港口对海上通道的安全秩序会产生正向影响。因此,在这一部分将分析影响海上通道安全的港口因素,以及如何通过完善港口合作促进海上通道安全。

一、马六甲海峡沿岸国港口概况分析

如前文所述,马六甲海峡位于世界重要航运干线之上,新加坡、马来西亚、印度尼

---

[1] 刘振民大使在第64届联大六委关于"普遍管辖权原则的范围和适用"(议题84)的发言,http://www.fmprc.gov.cn/ce/ceun/chn/xnyfgk/t621575.htm,下载日期:2022年9月1日。

西亚三国的多个港口分布在马六甲海峡上,如新加坡港、槟城港、巴生港、皇京港等,这些港口兼具经济意义和地缘价值,对马六甲海峡的安全有着重要的影响。

(一)新加坡港口

新加坡国土面积较小,由于位于马六甲海峡东部出口,地理位置十分重要。新加坡的主要港口为新加坡港(Port of Singapore),新加坡港位于新加坡共和国南部,紧接马六甲海峡东南侧,扼守印度洋和太平洋之间的航道。新加坡港自然条件优越,面积约538万平方米,拥有4个港区:包括丹戎帕加-凯佩尔、巴实巴让、裕廊、三巴旺港区,以及亚逸椗湾、布孔龙岛等,其中丹戎帕加-凯佩尔港区是新加坡港的主要港区和最大的集装箱码头区。新加坡港平均吃水深度约13米,港口基础设施先进完备,是世界最大的集装箱港口之一。根据新加坡海事及港务管理局公布的信息显示,2019年新加坡港的集装箱吞吐量同比增长1.6%,约3720万标准箱,其中45%为中转,是亚洲和太平洋地区最重要的国际中转枢纽港,也是世界少数亿吨级吞吐量大港之一。在2019年联合国贸发会《世界海运报告2019》发布的数据中,新加坡港位列2018年全球第二大集装箱港口(见表2-6)。

表2-6 全球10大集装箱港口(2018年)[①]

港口	2018年排名	吞吐量(TEU)
上海	1	42010000
新加坡	2	36600000
宁波舟山	3	26350000
深圳	4	25740000
广州	5	21920000
釜山	6	21660000
中国香港	7	19600000
青岛	8	19320000
天津	9	16000000
迪拜	10	14950000

---

① Review of Maritime Transport 2019, https://unctad.org/en/pages/publications/Review-of-Maritime-Transport-(Series).asp,下载日期:2022年4月23日。

除港口物流运输外,新加坡港在港口功能拓展方面也走在世界前列,其将港口的物流功能同金融、制造、航运、贸易等功能相融合,建立了现代意义上的国际航运中心。其采取的措施包括:积极实施自由港政策、建立现代港口经营制度、培育港口产业链、发展临港工业等。

与此同时,新加坡还拥有樟宜和瑞石两个海军基地,其中樟宜军事基地位于新加坡东北,拥有6.2公里的停泊区域,有容纳一艘航空母舰停靠的深水码头。早在1990年新加坡与美国签订《1990年谅解备忘录》,允许美军使用新加坡空军和海军基地,樟宜军事基地自此一直为美方军舰和美军提供后勤支持。2019年新加坡与美国又签署了《1990年谅解备忘录修正议定书》,将使用年限续展至2035年。此外,新加坡于2017年与印度签署军事后勤协议,同意印度海军使用樟宜海军基地。在上述协议下,和平时期利用新加坡樟宜海军基地在某种程度上成为美国、印度等国获取其在东南亚维持军事力量和地区影响的基础,具有非同一般的战略价值。

(二)马来西亚港口

1.巴生港

巴生港(Port Kelang)位于马六甲海峡中段,距马来西亚首都吉隆坡约40公里,距新加坡港约211海里,是马来西亚最大的港口,也是区域内最重要的港口之一。据2019年《世界海运报告》数据显示,2018年巴生港货物吞吐量排名全球第12位,在东南亚国家中仅次于新加坡港。巴生港地理位置优越,港口基础设施良好完备,已建成的港区分为:北港码头、西港码头和南点码头,港口除了拥有连接120多个国家的航线外,还与陆上交通紧密相连,构成马来西亚"陆海联运"的连接点。

与新加坡港一样,巴生港也积极利用自身优势发展先进的综合港口。例如,巴生港努力提高港口硬件设施,通过建设智能港口提高物流效率;同时巴生港利用其地处"自贸区"的优势,积极发展临港产业,形成"港城一体"的港口+产业模式,带动港口经济产业链的发展。总体观之,巴生港是马来西亚大力建设的商港,其基础设施条件和管理水平等都处于较为先进的水平,在国际海运中发挥着重要的作用。

2.槟城港

槟城港(Penang Port)位于马来西亚滨州首府,地处马六甲海峡东北入口,是船舶从印度洋进入马六甲海峡的第一个港口,也是区域内重要的转口贸易港。槟城港拥有两个港区:乔治港区和北海港区。港区现有8个泊位,最大水深12.8米,受先天条件的局限,槟城港还不能完全满足巨型船舶的停靠。尽管如此,由于槟城港在衔接国际海运货源上的枢纽地位,年吞吐量已超过150万TEU,其国际海运物流竞争力仍然强劲。整体来看,槟城港具有较强的国际物流集散能力,但港口的基础设施条件和管理水平仍待提升。

3.关丹港

关丹港(Kuantan Port),又名"丹戎吉兰港",是马来西亚东海岸最大的港口,吃水深度11.2米,可处理4000载重吨的船舶,港口现有22个泊位,主要经营散货及货柜业务。2013年,中国北部湾港口集团入股关丹港对其进行升级改造,深度参与关丹港的建设经营。同时,北部湾港口集团以关丹港为依托,创设马来西亚-中国关丹产业园区,实现了港口、产业、城市三重联动,在社会经济层面取得了良好的成效。

从地缘角度看,关丹港处于马来半岛东海岸,前接东亚、东南亚,后与马六甲海峡相连,辐射范围可达整个南海,与马来西亚东海岸重要的海军基地——关丹海军基地毗邻。由于马来西亚港口建设中"军民两用、平战结合"的考量,关丹港在战时可被作为关丹海军基地的辅助港和备用港。虽然目前"军民两用"未对关丹港的安全带来实际影响,如一旦出现极端情况,港口被征用或被攻击的概率依然存在,对海上通道的安全仍会造成负面影响。

(三)印度尼西亚港口

勿拉湾港(Port of Belawan)位于印度尼西亚西部苏门答腊岛西北,濒临马六甲海峡西北侧,是印度尼西亚少有的濒临马六甲海峡的港口,其距离槟城港145海里,距巴生港237海里,距新加坡港363海里。勿拉湾港是苏门答腊地区最大的石油装运港,也是印尼第二大出口港。港口码头分布依功能划分,分别为集装箱泊位区、T形油船泊位区、Citra港池泊位、散杂货泊位区、海军泊位区、滚装船和客船泊位区以及1个海上油船码头。① 由于勿拉湾港附近水域航道狭窄,加之吃水限制等因素,该港区航行风险安全较高,港口基础设施建设水平也有待提升,目前印度尼西亚也在加紧对港口基础设施进行升级。② 同时,勿拉湾港既拥有商业码头也有军用码头,具有军民两用的性质。

总体观之,马六甲海峡沿岸国港口多为重要的全球航运枢纽或地区航运枢纽,承担着重要的物流中转功能,这也是马六甲海峡重要的地缘位置所决定的,这种物流中

---

① 郑尚龙、杨神话、黄普:《印度尼西亚勿拉湾港简介及安全航法》,载《航海技术》2019年9月。

② 印尼港口公司称勿拉湾货柜码头建设已经达到87%,https://koran.harianinhuaonline.com/2019/02/19/50123/,下载日期:2022年6月23日。

转功能一旦出现阻塞,直接影响海峡和通道的畅通。同时,沿岸国港口以商港为主,但部分港口留有专门的军用码头或紧邻海军基地,这是由于南海各国纵深有限,区域内多数国家奉行近海防御战略,将港口作为保护本国国土及相关利益的重点,因此沿岸国在港口城市同时设立军事基地和商用港口的情形较为多见,[1]但"平战结合、军民两用"的港口若遇到动荡的外部环境影响,会存在潜在的被征用或被攻击等安全风险。

二、马六甲海峡沿岸国港口对航运安全的影响

如前所述,马六甲海峡沿岸港口分布于新加坡、马来西亚和印度尼西亚三个国家,这些港口扼守海峡进出口和主要物流中转地,如新加坡港和槟城港分别控制海峡南北端,对海峡通行及整个通道安全均有重要的战略影响。上文通过对沿岸国各港口的分析,可将港口影响通道安全的因素分为港口自身安全因素和港口间合作因素。

(一)港口自身安全局限

1.港口基础设施建设水平整体较低

马六甲海峡沿岸国港口在基础设施建设方面水平参差不齐,港口基础设施建设滞后,港口间开通航线不足。随着船舶运输集装箱化、海上集装箱运输网络化以及"海运+"等新运输模式的出现,港口基础设施建设需要适应日渐集中化的海上集装箱运输和多式联运等航运模式,特别是智能港口的出现对港口硬件提出了更高的要求。除新加坡拥有世界先进港口外,其他国家的港口基础设施建设水平较低、港航设备陈旧,吞吐货物能力有限,深水码头改造滞后,难以适应现代大型集装箱运输的要求,更勿论港口物流系统的自动化与智能化。

较低的港口基础设施建设水平难以适应大型集装箱运输模式,同时也难以为通道运输提供合格的安全保障,在进出港、靠泊、装卸等过程中因港口硬件条件局限而导致安全事故频发,尤其是在马六甲海峡这一全球重要运输通道中,因港口硬件水平制约物流畅通,对通道的运输能力和船货安全造成了一定的影响。

---

[1] 刘烨:《南海周边国家海军基地与港口概要》,载《现代军事》2015年第2期。

2.港口便利化程度差异较大

马六甲海峡沿岸国港口口岸便利化程度差异显著,物流规则不统一影响口岸效率。虽然新加坡、印度尼西亚和马来西亚均为东盟国家,都参与了《建立和实施东盟单一窗口协定》《东盟货物跨境便利化框架及技术议定书》等协议,在东盟区域内部建立统一贸易便利化机制以促进港口物流流转畅通。但在实践中,各个国家内部经济技术发展水平不同导致国家间便利化程度两极分化,例如新加坡口岸便利化程度高居世界前列,[1]平均通关速度远高于尚未完全实现通关电子化的其他国家,东盟国家包括马六甲海峡三个沿岸国之间短期内难以达成统一的口岸便利化机制,也为日后推进港口统一口岸便利化机制造成阻碍。与此同时,随着"国际陆海新通"等互联互通项目的推进,以铁海联运为代表的多式联运日渐成为中国与包括马六甲海峡沿岸国在内的东盟国家间的重要物流方式。在联运模式中,港口是物流的重要转运节点,但目前由于多式联运货物的转运规则和物流标准没有统一,特别是在海运转陆运中还存在规则空白,影响口岸物流效率。

表 2-7 2018 年南海各国港口服务能效评估[2]

国家	分数(1~7 分)	世界排名(140 个国家)
中国	4.5	48
新加坡	6.4	1
文莱	4.1	67
老挝	2.7	115
马来西亚	5.3	17
菲律宾	3.6	84
越南	3.8	78
泰国	4.1	68
柬埔寨	3.6	86
印度尼西亚	4.2	61

注:得分范围 1~7 分,1=不发达,7=达到广泛有效的国际标准。七国集团(G7)包括美国、加拿大、意大利、法国、日本、德国、英国的平均得分为 5.4 分,世界排名范围是全球 140 个国家。参见世界经济论坛发布的《全球竞争力报告 2018 年》。

---

[1] 王玫黎、吴永霞:《"一带一路"建设下中国-东盟港口建设发展研究》,载《广西社会科学》2018 年第 6 期。

[2] World Economic Forum, The Global Competitiveness Report 2018,https://www.weforum.org/reports/the-global-competitiveness-report-2018/,last visited June 21 2019.

(二)港口互动合作对航运安全的潜在影响

由于港口交流联通的性质,各国间港口互动合作是港口营运的常态,对马六甲海峡沿岸国港口而言,它们地处世界航运重要干线,加之海峡使用国对海峡通道沿岸国的重视,在海峡航行维护、基础设施建设、互联互通、安全合作、战略存在等方面进行了不同程度的互动与合作,这些与港口相关的互动对通道安全也带来了不同面向的影响。

1.港口安全方面的互动合作

与沿岸国港口的安全合作是港口互动合作中的重要组成部分,涉及与港口、航运相关的传统及非传统安全事务的合作。以中国与马六甲海峡沿岸国港口合作为例,中国与各沿岸国都在《中国-东盟港口发展与合作联合声明》中提出,各方应在国际海事组织框架下共同努力,加强在港口国监督、海上安全和海上安保和海上环境保护领域的合作。目前,中国与海峡沿岸国在港口安全方面的合作主要包括:

第一,在多边层面落实港口安全规则。现有港口安全规则包括全球性、区域性规则。全球性港口安全规则主要指联合国及国际海事组织框架下的一系列规则:《联合国海洋法公约》、《国际海上人命安全公约》(SOLAS)、《国际防止船舶造成污染公约》(MARPOL)、《国际船舶和港口设施保安规则》(ISPS 规则)、《国际安全管理规则》(ISM 规则)及议定书、《港口国检查程序》及其附则(Procedures for Port State Control)等。区域性港口安全规则主要以《亚洲地区反海盗及武装劫船合作协议》为代表,同时在次区域层面中国和部分南海区域国家还参与到了打击海上恐怖活动与防止大规模杀伤性武器扩散的"集装箱安全倡议"(CSI)。在执行现有港口安全国际机制中,中国与印度尼西亚、马来西亚等国家都加入了东京备忘录并在该备忘录机制下执行港口国监督检查(PSC),保障相关国际规则的有效落实,维护港航安全。

第二,积极提供与港口安全相关的公共产品,如:开通中国-东盟航线及航运服务项目及中国-东盟海上紧急援助热线[1]等。同时为提高马来西亚、印度尼西亚等国的港口基础建设及运营水平,中国也积极提供技术支持和培训,[2]加强这些通道沿海国在技术标准与安全管理上的合作。

---

[1] 《中国-柬埔寨海上紧急救助热线开通》,http://www.xinhuanet.com/world/201710/31/c_1121885864.htm,下载日期:2022 年 6 月 23 日。

[2] 2018 年中国为文莱、柬埔寨、马来西亚、泰国、菲律宾、越南等国提供区域非公约船舶安全管理培训,http://www.mot.gov.cn/jiaotongyaowen/201811/t20181116_3129051.html,下载日期:2022 年 6 月 23 日。

2.港口间互动合作引发的战略安全风险

由于地缘意义重大,一些域外国家试图通过在南海地区进行战略布局获取在这一地区的战略优势,例如美、澳、印、日等国积极推进"印太战略"[①]、日本和印度提出"亚非增长走廊"[②]等计划,这些名称各异的战略或倡议均存在对冲中国"21世纪海上丝绸之路"倡议的目的和效果。具体到港口合作领域,部分域外国家通过多种形式在与马六甲海峡沿岸国港口合作问题上加强与中国的竞争。以日本为例,2006年日本政府设立"日本-东盟一体化基金"[③],该基金支持日本与海峡沿岸国家在地区事务中的合作,包括涉及海上反恐、提升船舶交通服务运营能力等与港口航运相关的事务。2011年日本提出旨在强化与东盟国家互联互通的《支持东盟互联愿景规划》。2018年日本出台的《海洋基本计划》指出"为保证海上通道安全,日本要参加通道沿岸国重要港口的建设和运营,也要对其所在地区的城市、产业、交通等方面基础设施进行整合建设"[④]。可以预见,域外国家对相关港口联通建设的战略介入将与中国形成竞争之势,未来如何"衡平"这一风险将是马六甲海峡沿岸国港口合作中面临的一个潜在的战略安全挑战。

3.港口互动合作中存在的其他问题

首先,在现有港口互动合作中,无论是海峡沿岸国还是使用国都缺乏统一理念引领和区域互信支撑。从港口合作实践来看,虽然既有的多个港口合作发挥了实效,但由于缺乏统一的战略理念指导,导致现有的港口合作项目具有一定的随机性,合作指向不甚明确,也就造成了虽然合作建设的港口数量多却低水平重复的现象。同时,地区政治经济局势多变也导致区域国家在港口合作上互信不足,合作的不确定风险增加。要摆脱这些困境,亟须合作各方建立互信、在港口合作互动上形成统一观念和良性互动。

其次,现有海峡沿岸国与使用国在港口合作上一体化程度不高,各国港口合作的领域较广,包括基础设施建设、港城一体化运营、口岸便利化、港口安全维护等。现有推动港口合作的各机制虽然都致力于提升区域港口效能,并对港口合作均提出了相应的治理规划,但由于上述机制间参与部门不同、机制间联动并不充分、一体化程度不高,影响了合作机制的影响力和实践效果。

最后,现有港口互动合作规则设置约束力不足。无论是中国-东盟交通部长会

[①] Briefing on The Indo-Pacific Strategy,https://www.state.gov/briefing-on-the-indo-pacific-strategy/,last visited October 12 2019.

[②] 楼春豪:《"亚非增长走廊"倡议:内涵、动因与前景》,载《国际问题研究》2018年第1期。

[③] JAIF Overview,https://jaif.asean.org/overview.html,last visited October 12 2019.

[④] 张晓磊:《日本〈第三期海洋基本计划〉评析》,载《日本研究》2018年第6期。

议、中国-东盟港口合作高官会议等会议平台,还是《中国-东盟港口发展与合作联合声明》《中国-东盟海运协定》等区域性协定,具体规则的内容偏重对合作各方共识的凝聚和港口合作事务的拓展,具体规则的实操性与约束力不强。以《中国-东盟港口发展与合作联合声明》为例,其文本中达成的7项共识主要是合作参与各方未来港口合作意向和合作领域的阐述,缺少调整合作国港口合作行为的义务性规范。[①] 如今,包括中国在内的马六甲海峡使用国与沿岸国的港口合作在"一带一路"倡议和"海上互联互通建设"的推动下已经进入深层发展的阶段,宣示性和原则性的规则过多会使合作机制的执行和落实受阻。

三、提升港口能力促进航运安全的完善之策

如前所述,马六甲海峡沿岸国港口中存在一些影响航运安全的潜在因素,除了有港口自身硬件缺陷外,也包括港口实际合作中产生的问题:一方面,需要进一步完善和提升通道沿岸国港口自身的硬件能力和服务能力;另一方面,对于港口合作还需要通过理念层面的提升来解决。从现实情况看,目前港口互动合作面临的问题还在于:通道使用国、通道沿岸国以及其他国家在港口合作中缺乏统一理念引领和区域互信支撑。"海洋命运共同体"理念的提出为提升港口能力及合作起到了很好的理念指引作用。

习近平主席指出,"我们居住的这个蓝色星球,被海洋连结成了命运共同体,各国人民安危与共。当前,以海洋为载体和纽带的市场、技术、信息、文化等合作日益紧密,中国提出共建21世纪海上丝绸之路倡议,就是希望促进海上互联互通和各领域务实合作,推动蓝色经济发展,推动海洋文化交融,共同增进海洋福祉"[②]。习主席关于海洋命运共同体的表述指出了各国在海洋问题上休戚与共的关系,体现了中国在海洋事务中的全球关切。可以说,海洋命运共同体是"人类命运共同体"理念在海洋的发展和体现,也是"建设21世纪海上丝绸之路"的行动指南,兼具理论和实践双重属性。[③] "海洋命运共同体"的主要内涵体现为:第一,反映了人类与海洋和谐共存的

[①] 《中国-东盟港口发展与合作联合声明》,http://www.gov.cn/gzdt/2007-10/30/content_789703.htm,下载日期:2022年8月29日。

[②] 《人民海军成立70周年,习近平首提构建"海洋命运共同体"》,2019年4月23日,http://cpc.people.com.cn/n1/2019/0423/c164113-31045369.html,下载日期:2022年4月29日。

[③] 姚莹:《"海洋命运共同体"的国际法意涵:理念创新与制度构建》,载《当代法学》2019年第5期。

关系,明确了和平、发展、共享、互利的全球海洋治理观念;第二,充分关切不同国家的海洋利益诉求,追求规则中权利义务分配的平衡与公正;第三,强调建立共商、共建、共享的互利共赢合作的新型海洋关系。①

如前所述,将"海洋命运共同体"作为共同理念回应港口能力发展和合作的现实要求,可以起到凝聚合作理念,推动共识形成,指引规则创建的作用。

(一)理念层面:凝聚合作互信与共识

如前所述,海洋命运共同体包含了共同发展、促进海上互联互通、增进海洋福祉的具体内涵,其在港口安全合作及能力提升上的价值引领体现为:

1.倡导共同发展、互利共赢,建立明确一致的合作目标

现有马六甲海峡沿岸国所涉的港口合作互动,无论是在合作方式上还是在合作内容上都较为松散,使港口合作从形式到内容呈现出"碎片化"和"脆弱性",究其根源在于各国在港口合作中战略共识和互信的缺乏,无法通过单个的机制对港口事务进行全面调整。中国作为港口合作的重要参与方,应倡议引入"海洋命运共同体"理念,以其共同发展、互利共赢的合作观指导港口安全合作机制的构建,通过寻求各国在港口合作中的最大利益公约数、尊重参与国的合法权利来增强参与国的政治互信和共识。在此基础上,才能形成统一的合作目标和明确的政策定位,建立合作意识统一的港口合作方式,为通道安全畅通提供更好的港口公共产品。

2.主张包容开放,摒弃单边主义发展思路

马六甲海峡所联通的海域是国际经贸往来的重要海域,商贸航线连接世界各国。在海洋命运共同体理念下,海洋被视作载体和纽带促进生产要素的流通与合作。港口合作与互动是为了整合区域港口资源、提升港口能效、促进海上互联互通的深入发展。为此,在港口合作中应倡导沟通而不是封闭,倡导开放而不是排他。域外国家参与海峡沿岸国港口合作,只要能提升港口能力与合作水平,而不是制造新的障碍或谋求特殊利益范围,就应该秉持包容开放的态度与其共建。

---

① 张辉:《人类命运共同体:国际法社会基础理论的当代发展》,载《中国社会科学》2018年第5期;陈娜、陈富明:《习近平关于海洋命运共同体重要论述的科学内涵与时代意义》,载《邓小平研究》2019年第5期;冯梁:《与时俱进推进海洋命运共同体构建》,载《社会科学报》2020年1月9日,第3版;傅梦孜、陈旸:《对新时期中国参与全球海洋治理的思考》,载《社会科学文摘》2019年第2期;陈秀武:《"海洋命运共同体"的相关理论问题探讨》,载《亚太安全与海洋研究》2019年第3期。

(二)机制层面:构建安全稳定的港口合作方式

作为全球海洋事务治理的"中国方案",海洋命运共同体强调各国应在共商、共建基础上成为港口合作机制建设中共同的规则创造者和公共产品提供者,推动区域港口合作统一规则的创设。如前所述,由于协同性不足导致现有机制不能适应区域各国间进行实质性合作的需要,为此合作各方有必要整合已有机制,促进统一的框架性合作文件的达成,使南海港口区域合作机制向系统化方向发展。

1.采用"硬性制度"与"软性制度"兼容的方式

如前所述,随着通道在经济联通中发挥的日益重要的作用,目前通道沿岸国与使用国的港口合作发展进入新阶段,合作各方期待构建一个规则明确具体的合作方式。一方面,应当以"硬性制度"的建设为抓手,在程序性规定、执行规则等方面通过实在规则的设定予以明确,保证合作效果的落实;另一方面,还应考虑到合作国在发展程度上的差异性,[①]认识到现实中由于经济技术水平的国别差异较大,在港口合作上短期内无法实现完全以"规则为导向"的合作治理。为此,以"中国-东盟交通部长会议""中国-东盟港口合作高官会议"为代表的软性平台机制仍将在马六甲海峡沿岸国港口合作事务中发挥重要的作用。

2.提升合作机制规则的约束力

海洋命运共同体理念提倡海洋事务参与方创设平等公正的海洋规则,在港口合作方式的选择下,应鼓励合作方在充分发挥现有平台的前提下,制定合理公平的规则,提高规则效力,平衡合作方的责任分配。

一是增设具有约束力的技术性规则,逐步形成以规则为导向的合作规范体系。从目前港口合作实践来看,在港口国监督执行、港口便利化、港口物流标准等问题上,由于合作国间经济发展和港口治理程度各异,导致区域规则的空白或标准差异,使港口合作面临阻碍。上述低敏度合作领域中的技术性问题,可在已有的合作框架下通过创设有约束力的规则,并以此为契机,随着合作的深入,在更多港口合作具体领域增加实质性内容的安排。

二是规则制定要公平分配各合作国权责。由于海峡沿岸国与使用国的经济水平和港口建设程度各异,在规则制定中应秉持海洋命运共同体倡导的"互利共赢新型海洋关系",在尊重参与国发展水平差异的基础上,在港口合作权利义务规则的分配上

---

① 张辉:《人类命运共同体:国际法社会基础理论的当代发展》,载《中国社会科学》2018年第5期。

应尽量顾及发展水平较为落后国家的利益,通过"例外条款""软性义务"等方式衡平参与国之间的利益,实现公平合理的规则设置,让区域内较为落后的国家真正参与到南海港口全面合作中,推动区域内基础设施的全面联通,避免合作机制成为单边利益的表达工具。

(三)措施层面:解决港口既存的现实问题

1.提高港口设施建设水平

在推进"21世纪海上丝绸之路"、建设"国际陆海贸易新通道"的背景下,南海港口互联互通进入新阶段,原有的"港口—港口"海运联通模式升级为"港口—铁路或水路"的"海运+"模式。海运模式的转变要求全面升级现有港口基础设施,实现港口规模大型化、现代化。一方面,补齐硬件短板,对互联互通合作项目中的部分港口设计不足、水深不够、设备老化等问题,可通过调整港区功能、优化港口泊位布局等方式使其适应现代大型船舶及物流运输的需要。另一方面,要顺应港口物流"海运+"发展模式和港航"人工智能化"的大趋势,全面提升港口装备智能化水平、推进新信息技术在港口中的应用,提高港口货物换装作业效率,在智能化的同时降低港口污染物的排放,实现"智能港口"与"绿色港口"。同时,进一步加强区域港口联盟这一合作模式,区域各国积极参与港口建设和经营,健全区域港口城市合作网络,促进临港产业建设,加强港口物流合作,提高港口运营的效率与效益。

2.促进港口便利化标准统一

现阶段包括海峡沿岸国在内的东盟港口口岸便利化合作正处于起步之中,中国作为东盟重要港口合作国,应强化规则创设者的意识,协调南海沿岸国在口岸便利化合作中的不同利益,统筹国际与国内便利化规则的融合。一方面,促进国内口岸便利化机制的完善;另一方面,加强与包括马六甲海峡沿岸国在内的东盟各国间便利化规则的衔接,建立一套成熟的港口物流标准化体系,统一港口物流技术标准、物流信息标准以及物流管理标准,便于港口间物流往来和货物接驳。此外,还须加快形成港口物流便利化制度,精简海关流程和程序,简化通关机制以及运输中的检查机制,降低通关成本,节约通关时间,提运转效率。

3.落实通道沿岸国与使用国港口安全合作

港口安全合作是港口合作的重要环节,合作国有义务进一步提高港口的安保建设和监管能力。建立港口安全区域执行准则,促进既有国际规则的有效施行。在现有的港口安全机制下,各国应落实相关国际条约在国内的执行以及平衡各国执行条约的偏差。以《国际船舶和港口设施保安规则》为例,该规则要求各国通过提高港口准入标准改善港口设施安全,在实践中缔约国监管水平的不同造成该规则在各国间存在执行偏差。为了提高港口安全,应当结合合作国港口的基础设施水平,形成合作国间统一的港口设施保安标准和信息共享机制,加强各国港口监管部门的交流与技术合作,以提升港口安全程度促进通道安全水平的提升。

第三章

海上新兴航路面临的航运安全挑战
——以北极航道为例

在谈及当代海上战略格局和海上通道安全问题时,北极是一个不容忽视的重要因素和潜在的战略利益极。在实践中,由于研究视角的不同,对于北极范围的界定也各有不同。纯地理学意义上的北极地区是指北纬66度34分以北的广大区域,这一区域包括了北冰洋、边缘陆地、海岸带以及岛屿,地理总面积约为2100万平方千米,其中海洋面积为1300万平方千米。而从政治地理的角度看,北极区域则是指以北极圈内水域加上哈得逊湾以及戴维斯海峡和挪威海超出北极圈的部分的总和。[①] 俄罗斯、挪威、冰岛、丹麦、加拿大、美国、瑞典和芬兰等国家因为陆地、岛屿或近岸海域靠近上述北极区域,被称为"环北极国家"(arctic circumpolar states)、"北极国家"(arctic states)或"北极八国"(the eight arctic states,A8)。北极国家是北极地缘政治的主要主体,它们与北极本身共同构成了北极地缘政治区域。本部分所要探讨的有关北极航道安全的问题就是在此范围内进行的。在世界战略体系中,北半球是重心所在,北美、欧洲与东亚是目前世界最重要的三大政治、经济和战略核心地带。北极区域处于这三个区域的地理中心位置,北美、欧洲与东亚三大全球性战略区域环绕北极分布,呈鼎足之势,北极区域战略意义之重大由此可见一斑。

北极的战略价值主要体现在三个方面:一是北极丰富的自然资源与科研价值,二是北极的军事战略价值,三是北极的航运价值。目前对各国间经贸往来最具意义的莫过于北极航运价值,这也是本书关注的重点。

作为北极航运的载体,北极航道所经地区由于地理的特殊性,其面临的安全挑战有别于传统航道,传统海上通道中的主要航运安全威胁,如海盗与海上非法活动等,暂时不作为北极航道安全需要考虑的内容。目前北极航道的安全挑战主要来自航道

[①] 这是以地理学方法与行政区划方法相结合的方式来界定北极地区的范围的,这样既能尽可能满足自然科学的准确性要求,又兼顾了人文研究的需要。张侠、刘玉新、凌晓良等:《北极地区人口数量、组成与分布》,载《世界地理研究》2008年第4期;陆俊元:《北极地缘政治与中国应对》,时事出版社2010年版,第8页。

法律制度的不完备可能带来的对北极航运造成的限制以及各国对北极航行资源的争夺。例如调整北极航道的法律机制不完善,沿海国对航道的主权争议以及沿海国过度使用环保制度对他国可能造成的不合理航行限制,航道开发和船舶安全作出的法律调控措施不足等。

第一节 北极航运法律治理现状与问题

一、北极航道的通行概况与安全挑战

(一)北极航道通行现状

1.北极航道的自然状况与航运价值

"北极航道"是指穿越北冰洋,连接太平洋和大西洋的海上航道。过去由于海冰封锁,在北极完全通航一直难以实现,随着全球气候变暖,北极航线的开通已经成为现实,相关研究和实践表明在北极有三条可用于国际航行的航线。[1]

第一条航线是连接北欧和东北亚的东北航道(the northeast passage),该航道西起冰岛,经巴伦支海,沿欧亚大陆北方海域通往东北亚的白令海峡,适用于东北亚和北欧间的海上运输。第二条是西北航道(the northwest passage),东起戴维斯海峡和巴芬湾,向西穿过加拿大北极水域,经波弗特海、白令海峡与太平洋相接,连接了大西洋和太平洋。西北航道沿加拿大群岛水域分布,包含了一些潜在航线,其中从巴芬湾到波弗特海的航线线路较直,具有远洋航行的潜力。第三条是中央航道(the central arctic ocean route),是从白令海峡穿过北冰洋和北极点,经格陵兰岛至冰岛横穿北极的穿极航线,[2]这条航道也被称为"穿极航道"。由于中央航道

---

[1] See W. φstreng, The International Northern Sea Route Programme (INSROP): Application Lessons Learned, *Polar Record*, 2006, Vol.42, pp.71-88. See C. L. Ragner(ed.), *The 21st Century: Turning Point for the Northern Sea Route? Proceedings of the The Northern Sea Route User Conference*, Kluwer, 2000.

[2] Barret Weber, Increased Shipping in the International Arctic? An Overview, *Journal of Maritime Law and Commerce*, July 2012, p.302.

穿越北极点附近常年积冰海域,目前暂不能通行,随着全球气候的变暖,预计2050年左右中央航道可以具备通航条件,因此当前学界对北极航道的研究仍主要集中在东北航道与西北航道上。

上述三条北极新航线的开辟将会形成"太平洋—大西洋轴心航线",使北美、欧洲、东北亚地区海上航距大为缩短,据计算北纬30度以北的任何港口通过北极航道的航距要比绕行巴拿马运河或苏伊士运河航线航程缩短近40%。[1](参见表3-1、表3-2、表3-3、表3-4)。

表3-1 东亚各主要港口经传统航线(苏伊士运河)至西欧各港口的距离[2]

单位:海里

上海									
482	釜山								
1018	646	横滨							
1131	1413	1756	马尼拉						
2186	2505	2888	1330	新加坡					
7113	7432	7815	6257	4927	苏伊士				
10413	10732	11115	9557	8227	3300	伦敦			
10729	11048	11431	9873	8543	3616	408	汉堡		
11156	11475	11858	10300	8970	4043	879	768	特隆赫姆	
11942	12261	12644	11086	9756	4829	1669	1564	864	摩尔曼斯克

---

[1] ACIA, *Impacts of a Warming Arctic: Arctic Climate Impact Assessment*, Cambridge University Press, 2004, p.16.

[2] 北极问题研究编写组:《北极问题研究》,海洋出版社2011年版,第215页。

表 3-2 东亚各主要港口经东北航道到北欧各港口的距离①

单位:海里

上海								
482	釜山							
1018	646	横滨						
1131	1413	1756	马尼拉					
3436	2940	2666	4346	白令海峡				
6497	6001	5727	7401	3061	摩尔曼斯克			
7241	6745	6471	8151	3805	864	特隆赫姆		
7941	7445	7171	8851	4505	1564	768	汉堡	
8046	7550	7276	8956	4610	1669	879	408	伦敦

对上述数据进行定量分析可知,从上海港经苏伊士运河到达汉堡港需要11156海里航程,而经东北航道则上海港到汉堡港的航程为7941海里,航程缩短了3215海里。

表 3-3 东亚各港口经传统航线(巴拿马运河)至北美东岸各港口的距离②

单位:海里

上海								
482	釜山							
1018	646	横滨						
1131	1413	1756	马尼拉					
2186	2505	2888	1330	新加坡				
8565	8104	7681	9355	10488	巴拿马			
10581	10129	9706	11380	12513	2025	纽约		
11304	10843	10420	12094	13277	2739	1081	圣约翰斯	
13051	12590	12167	12841	14974	4486	2749	1869	丘吉尔港
13098	12637	12214	13888	15021	4533	2084	1794	1333	努克

---

① 北极问题研究编写组:《北极问题研究》,海洋出版社2011年版,第215页。
② 北极问题研究编写组:《北极问题研究》,海洋出版社2011年版,第215页。

表 3-4　东亚各港口经西北航道至北美东岸各港口的距离①

单位:海里

上海									
482	釜山								
1018	646	横滨							
1131	1413	1756	马尼拉						
2186	2505	2888	1330	新加坡					
5108	4612	4338	6018	7119	雷索卢特				
6058	5562	5288	6968	8069	950	努克			
7243	6747	6473	8153	9254	2135	1333	丘吉尔港		
7226	6730	6456	8136	9237	2118	1794	1869	圣约翰斯	
8106	7610	7336	9016	10117	2998	2084	2749	1081	纽约

表 3-3 与表 3-4 是从东亚各港口采用习惯航线和西北航线到北美各港口的里程对比表,同样以上海港到纽约港为例,采用传统航线经巴拿马运河的航程为 11304 海里,而经西北航道的航程为 8106 海里,相比之下经西北航道可节省 3198 海里的航程。同样如果穿极航线开通,从横滨到汉堡港的航程可比通过巴拿马运河节约 6000 英里,比经苏伊士运河航线节省 5000 多英里。②

东北亚、欧洲和北美是世界贸易的活跃地区,现有的世界航运格局是以上述三个地区为支点而建立起来的,其主要集中在北半球中高纬度,呈东西走向的带状区域。但由于大陆的阻隔,现有的航运格局呈现出贸易运输线路迂回、运输成本较高、产品贸易周期长等特点,不利于航运资源的优化配置。北极航道的积极意义除了前文所述的缩短海运航程、提高交通效率外,还能缓解传统航道的交通压力,避免因海盗、海上恐怖主义造成的航运安全威胁。从实践层面看,现阶段由于全球气候持续变暖,东北航道已经实现了夏季通航③,但该航线仍是季节性航线。此外,西北航道也实现了

---

① 北极问题研究编写组:《北极问题研究》,海洋出版社 2011 年版,第 215 页。
② Aldo Chircop, The Growth of International Shipping in the Arctic: Is a Regulatory Review Timely? *The International Journal of Marine and Coastal law*, 2009, p.356.
③ 2005 年东北航道实现了人类历史上的首次夏季通航。2010 年 9 月,挪威楚迪船运公司一艘抗冰货轮装载 41000 吨铁矿石,从挪威的希尔科内斯港启程,穿越白令海峡,将铁矿石运抵中国,完成了北极东北航线的"破冰之旅",为商业航运提供了一个现实样本。2012 年和 2013 年中国科考"雪龙"号和中远集团"永盛轮"分别实现了在东北航道的首次航行和商业航行,目前中国已建立起了以散货过境运输和与沿岸国资源运输为主的东北航道常态运营模式。

部分通行,而穿极航线因气候、水文及地理等条件影响目前还不具备商船通行的条件。据预测,到2050年,东北航道将实现普通船只的常态化商业航运,西北航道的航运能力由于冰层消解得到提高,北极航线将会有一个乐观的前景。[①] 由此,无论从地缘结构还是商贸航行的角度,北极航道的开通都将改变世界贸易格局,形成以北欧、北美和东北亚等环北极国家或近北极国家为主体的经济圈,从而影响世界的经济政治格局。

2. 北极航道的航运实践

如前所述,东北航道、西北航道和穿极航道三条航道构成北极航道这一整体。北极航路的开辟将形成"太平洋—大西洋轴心航线",使北美、欧洲、东北亚地区海上航距大为缩短,有效缓解现有海上航道的拥堵局面,具有较高的航运价值,北极通航的经济效应与战略前景都较为乐观。

(1) 东北航道的航运历史与现状

在地理上,北方海航道构成了东北航道的主要部分,东北航道的通行主要集中在北方海航道区段。由于北方海航道水域在俄罗斯专属经济区内,其航行活动的开发和利用受俄罗斯的影响较深。

从历史溯源,俄罗斯探索北方海航道的活动始于数百年前。从12世纪开始,俄国官方就开始对北方海海域进行探索;15世纪末,诺夫哥罗德共和国并入莫斯科公国,俄国开始有史料记载的官方北方海域探险。[②] 基于数个世纪的探索与实践,17世纪俄国初步确定了"沿着北方海岸能够从欧洲通向亚洲"的航路存在,并形成"北方海航道"的概念。18世纪俄国开启了包括"北方大考察"在内的一系列北极考察活动,基本确定了阿尔汉格尔斯克到楚科奇的航道,加强对北方海不同区段的测量工作,明确北方海航道东段的航行难度,为俄国当时北方海航路开发的政策制定提供了依据。十月革命前,俄国已掌握北方海航道基本的地理形态,对航道的适航性有了一定的认识,初步建成北极气象观测网络,但还未实现全线航行的目标。[③]

进入20世纪,北方海航运的开发也进入新的时期。随着技术的发展、国家航运政策的变化以及破冰船建造日渐成熟,北方海航道商业航运的实践也逐渐丰富,其商业航线的开发利用经历以下几个时期:航运开发初始时期、季节性航运时期以及全年航行时期。1932年,苏联探险队实现了从阿尔汉格斯到白令海峡的航行,标志着北

[①] L.C. Smith, S. R. Stephenson, New Trans-Arctic Shipping Routes Navigable by Mid-century, *Proceedings of the National Academy of Sciences of United States of American*, 2013, p.1192.

[②] 徐广淼:《十月革命前俄国北方海航道开发历史探析》,载《俄罗斯研究》2017年第5期。

[③] 徐广淼:《十月革命前俄国北方海航道开发历史探析》,载《俄罗斯研究》2017年第5期。

方海航道的正式开通;同时,苏联还建立了专门的机构管理北方海航道的开发运行,完善航道的基础设施建设,为北方海航运提供保障。这一时期,苏联的极地航行技术实现进步,1959年第一艘核动力破冰船"列宁"号可全年为船舶的极地航行提供导航,拓展极地航行的范围,提高航行的安全程度。经过航运开发阶段的技术准备和经验积累,1970年苏联正式设立北方海航道管理局,北方海航道西边航段也于1978年实现全年通航。20世纪90年代苏联解体后,俄罗斯对北方海航道以及东北航道再次进行开发活动,东北航道航运得到较大的发展。

进入21世纪,随着气候变化及海冰融化,在北方海航道通行成熟的基础上,东北航道的全线通航已成现实,航道通行的船舶数量一直在增加,货运量也在逐步增长。由于地形、冰情的影响,东北航道的航行仍然以北方海航段的通行为主。据统计,2009年东北航道通行船舶只有2艘,2010年通行船舶增加到6艘,[①]2011年通过北方海航道的商船为41艘;2012年增加为46艘,货物总量约126万吨,比2011年增加35%;2014年通过北方海航道的船舶数量为53艘,同时由于海冰消减,通航时间从3个月延长到5个月。[②] 此后,北方海航道通行的船只数量和货运量也一直稳定增长,货运量从2014年的400万吨增加到2022年的3410万吨。[③] 穿越北方海航道的船舶主要以俄罗斯籍船舶为主,北欧国家以及中国也有一定数量的通航记。2023年9月,一艘非冰级油轮"Leonid Loza"号从摩尔曼斯克经北方海航道航行至宁波港,这一航行标志着传统油轮首次使用北极航线,具有重要的意义。

(2)西北航道的航运历史与现状

作为沟通大西洋和太平洋之间距离最短的航道,西北航道横跨北美北部海岸,但由于沿线地形与冰情都较为复杂,被称为"世界上最险峻的航线之一",它的开辟较东北航道更为困难。

15世纪,来自欧洲的殖民者希望在北美北部和西部发现一条可用于商业航行的海上航路,于是开启对西北航道的探险并持续了数百年。公元1497年,亨利七世派出约翰·卡伯特寻找一条直通东方的航路,这是迄今最早的探寻西北航路的记录。直到19世纪中叶,约翰·雷发现了连接兰开斯特海峡入口与多尔芬和尤宁海峡(Dolphin and Union Strait)之间存在着可通行的航路,西北航道的位置才得以确

---

① Willy Ostreng et al., Shipping in Arctic waters, a comparison of the Northeast, Northwes and Trans-Polar Passages, 2013, p.185.
② 孙鲁闽:《北极航道现状与发展趋势及对策》,载《海洋工程》2016年第3期。
③ 《2022年北方海航道货运量预计达3400万吨》,http://ru.mofcom.gov.cn/article/jmxw/202212/20221203371302.shtml,下载日期:2023年10月19日。

认。[①] 1903年至1906年，挪威探险家罗尔德·阿蒙森乘船从格陵兰岛航行至阿拉斯加，首次完成了穿越西北航道的航行。到20世纪40年代，加拿大"圣洛克"（St. Roch）号完成在一个季节穿越西北航道的行动。1969年美国埃克森公司的油船"曼哈顿"号在美国海岸警卫队"北风"号和"史泰登岛"号的协助下从兰开斯特海峡进入西北航道，再经由麦克卢尔海峡驶出，完成第一次大型商船在西北航道的通行。[②]

进入21世纪，气候变暖致使北极冰层变化，海冰融化使西北航道的开放再获瞩目。在西北航道中，波弗特海沿线的航运保持增长，据统计，2009年至2010年约430艘船舶通过白令海峡。2009年至2013年，西北航道船舶年平均通行量为20～30次，较20世纪80年代年均4次的通行量增加了数倍。[③] 2012年通过西北航道的船只数量为30艘，2014年西北航道通行量为17艘。2017年我国"雪龙"号科考船成功试航西北航道。[④]

从20世纪80年代至21世纪初期，西北航道通行的船舶类型主要包括政府船舶及破冰船、小型观光客轮、油轮、拖船、驳船等。大部分通过西北航道的船舶主要行经靠近阿蒙森湾的南部航线。由于加拿大对该海域主权的主张，在这一航路通行的船舶主要以加拿大本国船舶为主，且以加拿大军用船舶和参与波弗特海域大陆架油气资源开发的船舶为主。

西北航道所经海域岛屿星罗棋布、地貌复杂，所行经的主要海峡水深约300米，水文情况复杂恶劣，浮冰及多年冰消解状况不一，航行基础设施有限。在不借助充分的导航助航措施下，船舶很难独立航行。

正因为如此，即便有上述航行实践以及全球变暖、海冰持续融化等利好因素，西北航道由于地形复杂、海冰密集，通行条件仍不及东北航道。这影响了西北航道的开发，船舶通行总量有限，航运量增长不大，西北航道的航运利用处于较低的水平。

（二）北极航道通行面临的风险

鉴于北极航道巨大的经济及地缘价值，国际社会对航道的开通、营运抱有很大的期

[①] https://en.wikipedia.org/wiki/Northwest_Passage，下载日期：2023年10月25日。

[②] Robert S. Reid, The Canadian Claim to Sovereignty Over the Waters of the Arctic, *Canadian Yearbook of International Law*, 1974, p.120.

[③] 7.3 Trends in Shipping in the Northwest Passage and the Beaufort Sea, http://www.enr.gov.nt.ca/en/state-environment/73-trends-shipping-northwest-passage-and-beaufort-sea，下载日期：2024年1月7日。

[④] 《中国首次成功试航北极西北航道》，https://baijiahao.baidu.com/s?id=1578028195128318945&wfr=spider&for=pc，下载日期：2024年1月5日。

待。在北极航道较为有限的通行实践中,囿于地理、气候及航行成本等多方因素的考量,其所面临的风险主要来自航运自然风险和航运治理法律机制不足所带来的风险等几个方面。①

1.自然环境安全风险

海上浮冰是影响北极航行安全的主要自然风险之一,北冰洋常年处于冰封状态,全球气候变暖使北极冰盖融化出大量的海上浮冰。由于海冰范围和变化情况难以准确预测,会迫使在北极地区航行的船舶为避碰而频繁变速并改变航向,对航行安全产生影响。同时,海冰会影响船舶航行中无线电波信号的发射,对航行中电子设备的正常使用造成干扰。如果浮冰在港口聚集,将会造成进出港船舶受阻,影响正常港航秩序。此外,大风也是影响北极航行安全的因素。北冰洋地处北半球西风带,在其影响下,北极地区风速可达12级以上,海上风浪容易使船舶受到冲击,破坏船舶结构,对船舶及船上人员安全造成影响。

2.航运基础设施的不足

根据《北极海运评估报告》(Arctic Marine Shipping Assessment,ASMA),北极各国在北极航道建设中普遍存在基础设施不完善的情形,具体表现为:第一,破冰助航能力尚待提升,北极航道途经冰封海域,船舶通行需要借助破冰服务。但目前在北极各国中,仅俄罗斯、加拿大拥有较为完备的破冰船队,其他国家的破冰助航设施还不能完全满足北极通行的需求。第二,气象、水文、海图等航运数据和技术不完备,由于北极特殊的自然地理条件限制,北极航道水文气象条件多变,要形成详细、系统的数据资料耗时耗资巨大,这使得目前北极航行所需的海图、水文等航运数据还不够精确,对北极船舶航行安全造成负面影响。

3.航运安全相关法律规范不足

北极航道地处高纬度,极端气候和环境使船舶航行面临严峻的安全挑战,除了前述的自然风险以及基础设施不足外,北极航运安全也有赖于航运技术性法律规则的保障。但是在一般性的国际海事公约中,对防范北极航行特殊风险的规定较少,不能满足极地航行的要求。而在针对冰区航行的专门性法律文件中,部分规范缺乏强制性拘束力,此外还有部分技术性规范尚待完善,也难以保障北极航运的安全运行。值得注意的是,北极航道沿岸国之间的利益分歧容易产生法律争议。俄罗斯和加拿大出于国家利益考虑,以历史性水域和直线基线为法律依据,认为北方海航道和西北航道是其国内航道,并制定相应国内法加强对航道的管理,要求过往船只通行需获得其许可并接受其管辖。而美国、欧盟及一些非北极沿岸国则认为

---

① AMSA_2009_Report_2nd_print.pdf(noaa.gov),下载日期:2022年9月2日。

俄、加有关做法与《联合国海洋法公约》不符，长期反对并挑战俄、加对北极航道的法律管辖，主张北极航道属于国际航行的海峡，各国有权不经批准自由航行。上述争议的存在一定程度上会消减北极航运安全法律治理的实效。

二、北极航道通行多层级法律治理机制现状

由于北极航道的重要性，除环北极国家外，世界其他国家也都积极关注北极地区事务和北极航道的治理。目前针对北极航道的法律治理主要从以下几个层面展开。

(一)北极航道通行全球性治理法律机制

这一机制主要由《联合国海洋法公约》和国际海事组织以及其他全球性国际组织所制定的一系列调整北极地区航运行为的规则所构成。

1.普适性的极地通行治理法律机制

(1)《联合国海洋法公约》

《联合国海洋法公约》是现代"海洋宪章"。便利海上交通、保障各国合法航行权利和自由是《联合国海洋法公约》中航行制度的核心理念和价值追求。《联合国海洋法公约》所确立的领海、大陆架、专属经济区、国际海峡等相关制度为各国在北极航道的通行行为设置了一般性的国际法规范，这意味着各国在北极航道中开展的航行活动、北极水域的环境保护以及北极地区海峡的通行制度等问题都处于《联合国海洋法公约》法律框架的规制之下。具体到航行权利方面，各国船舶在北极沿海国内水航行时应遵守沿岸国相关的国内法，在沿海国领海航行时享有无害通过权，在沿海国专属经济区航行时则享有与公海类似的航行自由。沿岸国也可在遵从《联合国海洋法公约》规定的前提下，制定相应国内法规范对外国船舶通行进行管理。

除上述一般性的规定外，《联合国海洋法公约》第 234 条"冰封区域"(ice-covered areas)[1]条款被学者们视为专为极地海域特别是北极地区而设立的，又被称为"北极例外"条款。该条款赋予冰封区域沿海国特别立法权力，目的在于"防止、减少和控制

---

[1] 《联合国海洋法公约》第 234 条"冰封区域"：沿海国有权制定和执行非歧视性的法律和规章，以防止、减少和控制船只在专属经济区范围内冰封区域对海洋的污染，这种区域内的特别严寒气候和一年中大部分时候冰封的情形对航行造成障碍或特别危险，而且海洋环境污染可能对生态平衡造成重大的损害或无可挽救的扰乱。这种法律和规章应当顾及航行和以现有最可靠的科学证据为基础对海洋环境的保护和保全。

船只对海洋的污染",以保护冰封区域特殊的自然环境和良好的航运秩序。可以说,"冰封区域"条款突破了《联合国海洋法公约》中对沿海国环境管辖的一般规则,为冰封区域沿海国单边订立更严格的法律规则提供了法律依据。但同时,冰封区域沿海国在行使特别立法权时需要满足相应的条件并受到一定的限制,包括:第一,冰封区域沿海国行使单边立法和特殊管辖权时应本着非歧视原则,其对沿海国船舶和外国船舶均应作相同要求。① 第二,冰封区域条款的适用范围主要在极地沿海国专属经济区范围内,该专属经济区还应当满足"特别严寒气候和一年中大部分时间冰封的情形",并且这种特殊严寒气候和冰封要对航行造成特别的危险和障碍,同时这一条款所指定的法规也不适用于冰封区域的无冰期。第三,该条款的施行应以最可靠的科学证据为基础。沿海国对于冰封区域内专属经济区实行特别立法权的前提应该是客观的、有科学证据提供佐证的,证明其确实需要采取必要的环境保护和航行控制手段,这为避免沿海国滥用单边立法权给予客观标准上的限制。第四,主权豁免的例外,冰封区域条款的适用中还应排除对军舰、海军辅助船、为国家所有并经营的在当时仅用于政府非商业性服务的船只或飞机的立法与执法限制。② 第五,适当顾及航行的要求,船舶和飞机在遵守沿海国相关规定的前提下在专属经济区享有航行和飞越自由权利是《联合国海洋法公约》所规定的一项重要航行权利。从目的解释出发,《联合国海洋法公约》第234条虽然赋予冰封区域沿海国基于环境保护考量的单独立法权力,但沿海国在行使这一立法权制定相关规则时仍应顾及其他国家船舶在该区域的航行自由,更不能以此为由对其他国家的合法通行权利进行限制,才能真正实现减少、控制船只对海洋的污染和维护海上航行安全与自由的立法取向。

(2)国际海事组织及其框架下的相关公约

国际海事组织作为联合国专门机构,为国际海运业在航运技术、航道管理、航运安全等专门问题上提供技术指导和标准。从国际海事组织的多年实践来看,其在维护海上安全、提高航运效率、防控船源污染等方面都起到了积极的作用,同时在消除国家间航运歧视、为海上贸易提供服务支持等问题上作了有益的贡献。③ 国际海事

---

① R.D. Brubaker, *The Russian Arctic Straits*, Martinus Nijhoff, 2005, pp.55-56.

② 《联合国海洋法公约》第236条"主权豁免":本公约关于保护和保全海洋环境的规定,不适用于任何军舰、海军辅助船、为国家所拥有或经营并在当时只供政府非商业性服务之用的其他船只或飞机。但每一国家应采取不妨害该国所拥有或经营的这种船只或飞机的操作或操作能力的适当措施,以确保在合理可行范围内这种船只或飞机的活动方式符合本公约。

③ Convention on the International Maritime Organization (adopted 6 March 1948, entered into force 17 March 1958) 289 UNTS 48; as amended, see Institute of Maritime Law, The Ratification of Maritime Conventions 4 Vols. Up-dated, Loose-leaf Service (Lloyd's Press, London, 1991-2003), Vol.I.1.10.

组织通过了调整有关船舶海上航行安全、防止航行污染海洋的多个国际公约、议定书或建议书等。其中,《国际海上人命安全公约》及相关议定书、《经1978年议定书修订的1973年国际防止船舶造成污染公约》(MARPOL73/78)、《海员培训、发证和值班标准国际公约》(STWC)及修正案是各国所普遍遵守的商船航行海事规则,也是调整船舶北极航行的普适性国际规则。

《国际海上人命安全公约》及其相关议定书、修正案[①]共同构成了《国际海上人命安全公约》体系(简称SOLAS体系),并被认为是对世界商船航行安全最为重要的一个公约。以影响最为广泛的1974年《国际海上人命安全公约》为例,该公约正文内容共分为14个部分,对涉及海上安全的船舶构造、救生设备、无线电通信设备、航行安全、货物运输、危险货物的运输、核能船舶、船舶安全营运管理、高速船安全措施、散货船安全附加措施、证书以及加强海上安全的特别措施均作出了规定。该公约适用于经授权悬挂缔约国政府国旗的船舶,各缔约国承担公约及其附件所规定的相关义务,通过颁布必要的法律、规则使该公约充分发挥效力,保障国际航行中本国船舶适合其预定用途,为维护安全的国际航行秩序提供规则保证。

《国际防止船舶造成污染公约》及《经1978年议定书修订的1973年国际防止船舶造成污染公约》(MARPOL73/78)共同构成以预防和治理船源污染、保护海洋环境为目的的国际协议体系。随着大规模海运的发展,来自船源的污染尤其是船载石油污染对海洋环境造成了巨大的损害。为规范船舶在海上排放油类及其他有害物质的行为,IMO专门出台一系列普遍性的规范文件,形成了现有的以《国际防止船舶造成污染公约》及1978年议定书为核心的MARPOL公约体系。此外,可纳入这一体系的国际规范性文件还包括:《1954年国际防止海上油污公约》《1969年国际干预公海油污事故公约》《1972年防止倾倒废物和其他物质污染海洋公约》《2001年国际控制船舶有害防污底系统公约》《2004年船载压载水和沉积物控制和管理公约》《1990年国际油污防备、反应和合作公约》《2000年有毒有害物质污染事务防备、反应和合作议定书》等。在MARPOL公约体系下,各缔约国承担实施公约及相关附件规定的义务,对违反公约的船源污染行为实施相应的管理和惩治。

---

① 《国际海上人命安全公约》是因"泰坦尼克"号沉没事故后,为维护船舶航行与人员生命安全而于1914年通过的公约。起初,公约规定了救生艇和其他救生设备的数量以及安全规程等。此后随着海上航行安全要求和标准的变化,公约经过不断修订,先后形成了1929年、1948年、1960年、1974年、1988年和2002年等版本,其中适用最广的是《1974年国际海上人命安全公约之1978年议定书》(SOLAS 74/78)。

1978年《船员培训、发证和值班标准国际公约》与该公约的一系列修正案（1991、1995）构成的 STCW 公约体系，其主要是通过对船上工作人员职业技术能力和值班行为的规制，促进各缔约国海员素质的提高，最大限度减少人为因素对海难事故的影响，在全球范围内增进海上人命和财产安全，保护良好的海洋环境，实现维护海上航行安全的目的。STCW 公约主要调整的内容为在海上商船工作船员的培训、签发职务证书、船上值班国际标准、对全球海上遇险安全系统无线电人员发证要求以及港口国监管等事项。各缔约国承担实施公约、修正案及其附则的义务，可以通过颁布国内法律、法令、规则等方式实施公约的规定，切实保障公约规则的充分落实。值得注意的是，STCW 公约除了规定相关的普适性规则外，针对极地航行的特殊性，还在修正案中增加了对"极地规则"、"极地水域"以及"对极地水域航行船舶船长和甲板部高级船员培训和资格最低要求"等内容。[①]

2.专门性的极地通行治理法律机制

　　由于北极航道地域的特殊性，船舶在北极的航行面临着更多的安全风险，如冰层的阻隔、对船舶破冰能力的要求、航线补给设施的缺乏以及北极脆弱的海洋环境

[①] 2016年11月25日，IMO 海上安全委员会（MSC）第97届会议以第 MSC.416(97)号决议通过经修正的 STCW 公约的修正案，以第 MSC.417(97)号决议通过 STCW 公约 A 部分的修正案，增加了"极地规则""极地水域"两个新的定义，并对极地水域航行的船长和高级船员资质作出要求。STCW 公约修正案[第 MSC.416(97)号决议]，在第 I/11 条中，在现有第3段后，插入新的段落——"4 为在极地水域航行船舶上继续从事海上服务，每位船长或高级船员须符合本条第1段的要求，并按照 STCW 公约第 A-I/11 节第4段的要求，在不超过5年的时间间隔内获得持续的极地水域航行船舶的专业适任能力"，并重新编号。在第 V 章，插入新条款第 V/4 条"对极地水域航行船舶船长和甲板部高级船员培训和资格的强制性最低要求"。新的第 V/4 条的主要内容有：根据《极地规则》的要求，极地水域航行船舶的船长、大副和负责航行值班的高级船员须持有极地水域航行船舶的基本培训证书；极地水域航行船舶的基本培训证书的申请人须满足的条件；根据《极地规则》的要求，极地水域航行船舶的船长和大副须持有极地水域航行船舶的高级培训证书；极地水域航行船舶的高级培训证书的申请人须满足的条件；主管机关须确保为符合极地水域航行船舶的基本培训证书、高级培训证书适任标准的船员签发相应的培训合格证书；在2018年7月1日之前已经开始从事经认可的极地水域海上服务的海员，在截至2020年7月1日的过渡期内，被认为符合极地水域航行船舶的基本培训证书、高级培训证书适任标准的过渡条款。STCW 公约 A 部分修正案[第 MSC.417(97)号决议]，在第 A-I/11 节第3段后增加："4 第 I/11 条要求的极地水域航行船舶的船长和高级船员的持续专业适任能力须通过以下方式达到：1.在前5年内完成累计不少于2个月履行所持证书相应职责的经认可的海上服务资历；或2.履行了被认为等效于第4.1段要求的海上服务资历的职能；或3.通过了经认可的测试；或4.成功地完成了一门或几门经认可的培训课程。"

等多种问题。① 基于此,国际海事组织相关委员会对北极航运的安全问题进行规制,并通过了相关专门性的航行指导规则。

2002 年,国际海事组织海上安全委员会(MSC)与海洋环境委员会联合通过了《北极冰覆盖水域船舶操作指南》(Guidelines for Ships Operating in Arctic Ice-Covered Waters),该指南针根据冰封区水域特殊的自然条件,在 SOLAS 公约体系下对北极冰封区航行船舶的航行安全提出了具体的要求。② 该《指南》以海上安全委员会通函形式生效,不具有法律拘束力,因此在现实中履行效果不佳。

2007 年,国际海事组织发布了《客轮在遥远水域航行计划指南》,建议客轮应考虑极地水域的特殊性,在航行中要充分了解冰情、洋流等情况,熟悉冰封水域的技术操作限制和冰区导航设备等,同时应掌握突发事故下的应急处理能力。

2010 年,国际海事组织在第 26 届大会上通过了《极地水域营运船舶指南》(Guidelines for Ships Operating in Polar Waters)。该《指南》旨在加强航行安全并防止极地水域作业的船舶造成污染,它提出了一些《国际海上人命安全公约》和《国际防止船舶造成污染公约》目前尚未涉及但又十分必要的规定,这些规定是在充分考虑极地水域的气候条件并满足海上安全和污染防治的相关标准的基础上制定的。该《指南》虽然由国际海事组织大会决议通过,但仍不具有强制约束力,仅具有建议性质。相较于《北极冰覆盖水域船舶操作指南》《极地水域营运船舶指南》将北极和南极的冰覆盖水域运营的船舶均纳入其调整范围,对在极地营运船舶船体构建、设备、操作、环境保护和破损控制等方面作了具体的规定。③

---

① See Peter G. Pamel and Rohbert and C. Wilkins, Challenges of Northern Resource Development and Arctic Shipping, *Journal of Energy & Natural Resources Law*, 2011, Vol.29, No.3, p.335. See Aldo Chircop, The Growth of International Shipping in the Arctic: Is a Regulatory Review Timely?, *The International Journal of Marine and Coastal Law*, 2009, Vol.9, pp.356-359. With respect to the environmental risks of more shipping traffic in the Arctic, see Hannah E. King, Protecting the Northwest Passage: Assessing the Threat of Year-Round Shipping to the Marine Ecosystem and the Adequacy of the Current Environmental Regulatory Regimes, *Ocean & Coastal Law Journal*, 2008, Vol.14, p.269. See also David L. Vanderszwaag and Cinthia Lamson (eds.), *The Challenge of Arctic Shipping*: Science, Environmental Assessment, And Human Values, McGill-Queen's University Press, 1990.

② 《北极冰覆盖水域船舶操作指南》的主要内容包括:船体结构、分舱和稳性、起居处所和脱险措施、方向控制系统、锚泊和拖带装置、主机、辅机系统、电气装置、防火安全、救生设备和装置、航行设备、操作布置、船员配备、应急设备、环境保护和破损控制等。其调整的客体包括客船及 500 总吨及以上的用于冰上国际运输的货船。

③ 《极地水域营运船舶指南》包括前言、指南、总则三大部分,该指南将极地水域按海冰情况分为了 7 个级别,根据极地水域级别的不同对在其上航行的船舶提供不同的指导。

由于《北极冰覆盖水域船舶操作指南》《极地水域营运船舶指南》均为建议性指南，缺乏强制约束力，而在实践中北极航道通航次数日益增多，缺乏相应的强制规范对维护极地航行安全、保护极地脆弱海洋生态环境造成潜在负面影响。为此，2014年国际海事组织及其下属的海事安全委员会（Maritime Safety Committee，MSC）和海洋环境保护委员会（Marine Environment Protection Committee，MEPC）积极推动具有强制力的新规则的出台——《极地水域船舶航行国际准则》（International Code for Ships Operating in Polar Waters，简称《极地规则》）。该规则在2015年获得通过，于2017年正式生效，并被作为SOLAS公约和MARPOL公约的组成部分，具有强制约束力，弥补了前述两个指南约束力不足的问题，实现了全球治理层面对极地航行从软法引导到软法引导与硬性规制共同作用的转变，被看作治理北极航行国际标准的形成。《极地规则》由四个部分构成，序言、引言、极地航行安全措施规定、极地航行防污措施规定，其中极地航行安全措施规定又分为强制性措施和建议性指南两个部分。在内容上，《极地规则》对北极和南极海域恶劣的航运条件和环境挑战制定了相关安全和防污染措施，包括船上对保暖服、除冰设备、封闭救生艇供应的要求，以及确保船舶能见度可在冰、雨、雪天气下航行等。在环境保护规则方面，《极地规则》根据具体情况限制或禁止船舶排放石油、污水、垃圾及其他废弃污染物质。同时符合《极地规则》规定的从事极地航运的船舶需要申请"极地证书"（polar certificate）并获取极地水域操作手册。可以说，该规则涵盖了在两极地区恶劣海况中航行船舶的资质认证、设计、装备和系统、船舶运营、环境保护、救援以及船员训练等与极地航行安全相关的内容。①《极地规则》的出台和生效，是国际社会在IMO框架下推动适用统一极地水域航行规则和标准的重要成果，适应了极地航运增长趋势，为保障极地航行安全，平衡极地航运、科研活动与环境保护提供了统一的强制性法律保障。

此外，其他全球性国际组织在调整北极航道和北极航运中也起着积极的作用。如国际船级社协会（IACS）2006年颁布了《极地船级船舶统一要求》（UR），该规定旨在应对日益增长的冰级油轮市场需求所带来的严峻技术挑战，在国际船级社协会主导下全球十大船级社共同合作，为各国确立了在极地水域营运船舶的设计和推进系统的统一技术标准。在内容上，《极地船级船舶统一要求》由三个章节组成，分别为极地冰级描述和应用、极地船舶的结构要求以及极地船舶的机械要求。同时该要求还区分了头年冰、二年冰以及多年冰的差别，对相应冰区内船舶、轮机以及发动机输出

---

① Dr. H. Deggim, Report: Development of a Mandatory Polar Code—Update on Progress, http://www.imo.org/MediaCentre/hottopics/polar/Pages/default.aspx，下载日期：2022年9月19日。

标准提供了参考。

可以说全球性北极航道上的治理法律机制是以《联合国海洋法公约》、国际海事组织及相关国际组织所制定的涉及北极海运的规则而建立起来的机制。这一法律机制涉及北极航道的条款涵盖了航行安全、环境保护、船舶技术等方面的内容。从形式上看,这些规则或规定形式不一,有的是以国际公约的形式出现,有的则以指导标准、导则等软法形式出现。但总体而言,在全球性北极航道上的治理法律机制体现了治理规则从非强制性向强制性发展的趋势。

(二)北极航道区域性治理法律机制

北极特殊的地理位置和重要的战略价值是促成区域性北极治理的重要驱动力。从地缘政治角度出发,区域性治理模式与北极地区的内在战略格局有着紧密的联系,因此在探讨区域性北极航道治理法律机制前,有必要了解北极的国际地域结构。

目前有一种北极地缘格局是按照各行为体与北冰洋或北极点的地理距离远近来划分的,这一格局又被称为"圈层结构",北极地域结构因此被分为三个层次:环北冰洋国家、环北极国家和近北极国家。[①] 环北冰洋国家是指处于北极国际关系的地理中心地带的国家,主要是俄罗斯、加拿大、冰岛、美国、挪威和丹麦(格陵兰)6个国家,这些国家是北极国际关系的主要行为体。环北极国家是指包括环北冰洋国家在内的,位于北极圈内的国家。近北极国家则是指在北极圈以外,与北极区域地理距离较近且存在较为密切联系的国家,如处于太平洋—北冰洋、大西洋—北冰洋航线的国家。近北极国家范围较广,包括北太平洋地区的中国、日本、韩国以及西欧地区的英国、爱尔兰、北海周边国家等。在这些国家行为体的基础上,现有的北极航道区域性机制主要是由区域性组织和相关国际法文件构成的。

1.北极理事会

1991年芬兰、瑞典、丹麦、挪威、冰岛、加拿大、俄罗斯和美国等八国签署了《北极环境保护策略》(Arctic Environmental Protection Strategy,AEPS),这一文件是北极国家间针对北极事务区域性合作的第一步。AEPS的目标是:保护北极自然环境和资源的可持续利用;维护北极生态系统;定期审查北极环境状况;确定减少并最终消灭污染;承认并满足原住民的价值观与文化需求等。在日常事务运营上,AEPS以项目组或工作组的形式展开工作,例如:北极动植物保护工作组(CAFF)主要处理北极地区物种和动物栖息地保护问题,北极监测和评估项目组(AMAP)对特定污染物及

[①] 陆俊元:《北极地缘政治与中国应对》,时事出版社2010年版,第87页。

其影响进行评估,北极海洋环境保护工作组(PAME)主要处理北极海洋环境污染问题。AEPS进行了开拓性的北极区域治理工作,产生了包括《北极地区生物多样性报告》《北极环境状况报告》《北极圈保护区网络战略行动计划》等在内的重要报告和行动计划,为北极地区的区域治理提供指南。

在 AEPS 工作的基础上,北极地区国家开始寻求组织建立统一的区域机制。在加拿大的倡议下,①经过谈判,1996 年北极地区八国在渥太华签署了《成立北极理事会的渥太华宣言》②(Declaration on the Establishment of the Arctic Council, Ottawa, Canada,简称《渥太华宣言》),宣告北极理事会的成立,目的在于促进北极各方在与北极相关的环境、社会、经济综合治理及可持续发展等事务中的交流与合作。

在组织结构上,北极理事会设置了决策机构部长级会议、执行机构高官会议、常设秘书处,理事会 8 个成员国每两年轮流担任主席国。此外,北极理事会下设 6 个工作组,③负责理事会的相关实际工作,为北极治理提出以政策为导向的倡议。这种"工作组"的架构,使理事会在有限时间内集中处理特定问题,在组织事务处理上更加高效。

在参与主体上,北极理事会的参与方可分为成员、永久参与方、观察员三类。第一类是北极理事会成员,其包括加拿大、丹麦、芬兰、挪威、冰岛、俄罗斯、美国、瑞典等 8 个北极国家,它们是北极事务的直接参与主体,在北极理事会中享有会议的发言权、投票权等。第二类永久参与方为代表北极原住民利益的 6 个组织,具体包括因纽特人北极圈理事会、阿留申国际协会、哥威讯国际理事会、北极阿萨巴斯卡议会、俄罗斯北方原住民协会以及萨米人理事会。④ 这 6 个永久参与方有权参与所有北极理事会的会议和活动,享有提案权、发言权等权利,但没有投票权。第三类参与主体为北极理事会的观察员,它们包括与北极地缘相近的环北极国和近北极国家,或与北极事务密切相关的团体和组织。目前,北极理事会的永久观察员有法国、英国、荷兰、德国、波兰、西班牙、中国、印度、意大利、日本、韩国、瑞士和新加坡等 13 个国家。此外,

---

① E. C. H. Keskitalo, *Negotiating the Arctic: the Construction of an International Region*, Routledge, 2004, pp.67-68.在综合来自加拿大政府、原住民组织及相关机构的建议基础上,加拿大于1991年罗瓦涅米部长级会议上公开发出建立北极理事会的倡议。

② Declaration on the Establishment of the Arctic Council (Ottawa, Canada, 1996), https://www.international.gc.ca/world-monde/international_relations-relations_internationales/arctic-arctique/declaration_ac-declaration_ca.aspx?lang=eng,下载日期:2022 年 9 月 1 日。

③ 北极理事会下设6个工作组处理相关事务,分别是可持续发展工作组、北极监测与评估工作组、北极海洋环境保护工作组、北极污染物行动计划工作组、北极动植物养护工作组、突发事件预防反应工作组。https://arctic-council.org/en/,下载日期:2022 年 9 月 1 日。

④ About the Arctic Council, https://arctic-council.org/en/about/,下载日期:2022 年 9 月 1 日。

北极理事会还有 25 个具有观察员身份的国际组织,包括国际海事组织、北欧理事会、联合国环境规划署、联合国开发计划署、世界自然保育联盟(IUCN)等。[1] 上述具有观察员身份的国家和相关组织能出席北极理事会的会议,但不具有发言权和投票权。

由于北极八国在北极事务区域合作中的立场和利益考量各有不同,《渥太华宣言》特别将北极理事会设定为政府间高级别论坛而非政府间国际组织。北极理事会的项目和倡议由一个或多个北极国家或实体支持,议题和参与主体更为广泛和多元,相较于《北极环境保护战略》而言,提升了北极地区治理的机制化程度。不能回避的是,由于目前北极理事会政治合作论坛的性质,权威性不足、开放性有限、组织化程度不高,在北极治理中所发挥的作用受到了一定的限制。但具体在北极航道和北极航运治理这一领域,北极理事会仍发挥着重要的作用。

2009 年理事会通过了《北极海运评估报告》,该报告表达了对北极海域发生航运事故的担心,[2]对北极航运问题和应急事务合作等方面的内容进行分析,指出现有海运法律框架有关北极区域条款的不足,在综合北极地区敏感的海运环境和原住民利益等因素的基础上对适用于北极地区航运发展的法律框架建设进行了展望。AMSA 的发布引导了 IMO 等组织对北极航运活动的规划,推动了北极航道治理的发展。

同时,在航运安全维护方面,2011 年北极理事会第七次部长级会议上通过了《北极航空与海洋搜救合作协定》(Agreement on Cooperation on Aeronautical and Maritime Search and Rescue in the Arctic),该协定旨在建立北极地区完善的海空搜救系统,为在北极地区航行的船舶提供制度上的安全保障。该协定要求北极八国设立八个国家单独监管区域,各国成立航空和海上救援协调中心(RCCs),北极八国在本国负责的区域内需要对搜救基础设施建设和搜救能力提供物质保证。协议还规定了航空和海上搜救的具体措施,搜救方可以基于搜救目的通过航空和海上救援协调中心向相关缔约国提出进入其领海搜救的申请,同时为避免合作国之间既存的领土争议影响合作效果,协定规定"搜救区域的划界与国家之间的边界无关,不得损害各国主权和管辖权"[3]。值得一提的是,该协议对缔约国在与搜救相关事务中的责任与义务进行了界定,规则的法律约束力得到了保证,这一协议的通过实现了北极理事会从

---

[1] Arctic Council Observers,https://arctic-council.org/en/about/observers,下载日期:2023 年 6 月 17 日。

[2] 2009 年《北极海运评估报告》指出,仅 1995 年至 2004 年间北极海域发生的船舶事故就高达 293 起。

[3] Agreement on Cooperation on Aeronautical and Maritime Search and Rescue in the Arctic,https://oaarchive.arctic-council.org/handle/11374/531,下载日期:2023 年 9 月 12 日。

"软法"治理向"硬法"治理的发展,可以期待的是随着北极理事会机制化和法律化建设的加快,其成为在北极事务中具有决策性的国际组织机构指日可待。①

2.《伊卢利萨特宣言》

2008年北冰洋沿岸五国俄罗斯、加拿大、美国、丹麦和挪威在格林兰召开有关北极问题的部长级会议,会议发布了《伊卢利萨特宣言》。由于这五个国家拥有北冰洋大部分区域的主权,在解决与北极相关事务上具有重要地位,因此《伊卢利萨特宣言》被视为北极沿岸国关于北极合作的重要声明。该宣言主要强调了以下几点内容:首先,明确表明北极五国在保持和平的基础上,应在现有的国际法即《联合国海洋法公约》框架下来解决有关北极海域的争议,如外大陆架划界,并同意通过科学研究提供证据决定各国关于北极主权的要求。其次,沿岸五国同意以现有国际海洋法为基础来承担沿岸国的权利义务,②包括海洋环境保护、海洋科学研究、冰封区域及航行权利等问题。最后,该宣言表达了各国愿意通过与相关国际组织合作或各国间合作的形式,尤其是对于涉及北极航运安全的问题,如联合搜救等,加强安全机制建设等。这一点也体现了《伊卢利萨特宣言》对北极航运治理的态度。

综上所述,通过对涉及北极航道治理的区域性机制的梳理,现有的区域性机制主要是在北极原有的地缘格局上建立起来的,其体现出强烈的北极国家意志色彩。造成这一特点的原因有二:一方面,由于北极各国对北极利益争夺的动机,不论是北极理事会的北极八国还是《伊卢利萨特宣言》中的北冰洋五国都极其不愿意让任何其他国家介入该地区的事务,因此在涉北极问题上给予非北极圈国家以区别对待;另一方面,由于《联合国海洋法公约》的平等原则和开发北极高昂的营运成本,使北极国家不得不在科学研究、环境保护和航运安全方面加强与他国的合作。因此,现有的区域性北极航道治理法律机制较多地体现了北极国家之间、北极国家与非北极国家间权利义务关系的平衡。

此外,巴伦支海欧洲—北极理事会(Barents Euro-Arctic Council)、北极海岸警卫论坛等次区域组织在北极航行治理中也发挥着不可替代的作用,它们通过促成成员国之间的合作为北极地区公共事务的管理提供沟通渠道,分享惠益。

---

① 有观点认为,2013年1月北极理事会常设秘书处的成立可以看作是北极理事会具备了完整的组织架构的标志,其在外在功能形态上已经与一般国际法界定的国际组织无异。《三级架构下的北极理事会》,http://news.oceanol.com/? optionid=456&_auto_id=24122,下载日期:2023年9月12日。

② Ilulissat Declaration, Arctic Ocean Conference, Ilulissat, Greenland, http://www.oceanlaw.org/downloads/arctic/Ilulissat-Declaration.pdf.,下载日期:2023年9月12日。

(三)环北极国家对北极航道通行活动的国内法治理

相对于全球治理机制和区域治理机制,环北极国家的治理机制在北极航运中亦起到了重要的作用。虽然目前针对北极航道的国内法管辖权归属仍有争议,但从环北极国家的立法实践来看,各国也都在制定相关规则,其中加拿大和俄罗斯分别在西北航道和东北航道的治理上形成了较为系统的法律规范。

1.加拿大

加拿大是《联合国海洋法公约》和北极理事会的成员国,同时又是西北航道最重要的利益相关方,对西北航道的主权、航运安全、环境保护等都有自身的诉求。基于此,加拿大非常重视北极航道治理问题,并建立了相关的法律机制,其中涉及北极航道治理的法律主要有 1970 年《北极水域污染防治法》(The Arctic Waters Pollution on Prevention Act,AWPPA)、1978 年《航行安全控制区法令》、1985 年出台并于 2001 年修订的《加拿大航运法》、2009 年《北极水域污染防治法修正案》、2010 年《加拿大北方船舶交通服务区规章》等。①

(1)《北极水域污染防治法》的相关规定

以 AWPPA 为例,该法规出台于美国"曼哈顿"号事件之后,②意在以环保的名义加强对西北航道的控制,且这种控制的标准严格于当时国际法的一般规定,这一做法被称为"北极例外",此后在加拿大的推动下促成了《联合国海洋法公约》第 234 条"冰封区域"条款的确立。具体而言,AWPPA 对涉及北极航运的调整主要集中在以下几个方面。第一,AWPPA 在《联合国海洋法公约》第 234 条"冰封区域"制度形成之前,就已划定"北极水域",并对该水域实行严格的环境管理标准。最初 AWPPA 将"北极水域"限定为距离其北极沿岸和岛屿 100 海里以内的水域,此后《北极水域污染防治法修正案》进行了调整,将"北极水域"的范围扩大到"加拿大的内水、领海和专属经济区,其被北纬 60°线、西经 141°线和专属经济区的外部界限所包围;但在加拿大和格陵兰之间的国际边界自加拿大的领海基线起算不足 200 海里的地方,该国际边界取代专属经济区的外部界限"③。这一划分使得加拿大内水、领海和专属经济区三类不同水域都被纳入"北极水域",无差别适用 AWPPA 的规定。目前加拿大已在"北

---

① 1996 年,加拿大还通过了《1996 年海洋法》,建立了 200 海里专属经济区制度。
② 1969 年,美国破冰船"曼哈顿"号在未经加拿大当局批准的情况下穿过西北航道。See Matt Roston, The Northwest Passage's Emergence as An International Highway, *Southwestern Journal of International Law*, 2008, Vol.15, p.452.
③ Arctic Water Pollution Prevention Act, Article 2.

极水域"中指定了 16 个区域执行高标准的环境标准,间接实现管控北极航行水域的目的。第二,根据 AWPPA 第 11 条的规定,加拿大可通过法令指定在北极水域的任何区域内设立"航行安全控制区"①,在该区域内只有符合加拿大法令规定的船舶才能进入"航行安全控制区"航行,同时在 AWPPA 第 12 条中还对在此区域航行的船舶设立了限制标准,主要包括对船舶船体和燃料箱结构的限定、助航设备和通信设备的使用、限制运输货物性质和种类、许可的干舷要求和载重线标准、实行超重船舶(300 吨)进入加拿大北极水域报告制度,此外还授予加拿大执法人员扣船和禁止航道通行的权利。

AWPPA 极大地保护了加拿大在北极的利益,以国内立法推进国际立法并开启了以环保立法保护国家主权的先例,但这种模式合法与否仍待探讨。美国就认为加拿大通过 AWPPA 是单方面将司法权延伸到公海,这一行为缺乏国际法支撑,是对航行自由的干涉,美国不能接收和默认这种法律要求。②

(2)《加拿大北方船舶交通服务区规章》(Northern Canada Vessel Traffic Services Zone Regulations)

《加拿大北方船舶交通服务区规章》是根据 2001 年《加拿大航运法》制定的,③该规章对船舶在指定海域航行活动作出规定,其内容主要包括:

首先,规定了北方船舶交通服务区和船舶的类型。该规章设立了加拿大北方船舶交通服务区④,并规定了船舶的类别。加拿大北方船舶交通服务区的船舶包括:总吨位 300 吨或 300 吨以上的船舶;拖带或顶推另一个船舶的船舶,该船舶和被拖带或被顶推的船舶总吨位之和达到 500 吨及以上的船舶;以及装载污染物或危险品的船舶,或拖带或顶推装载污染物或危险品的船舶的船舶。其次,规定了船舶航行的强制报告制度。《加拿大北方船舶交通服务区规章》将船舶报告类型分为船舶航行计划报告、船舶位置报告、最终报告和偏航报告四种。最后,规定了航行报告的具体报告形

---

① Arctic Water Pollution Prevention Act,Article 11.

② United States of Department,Statement on Government of Canada's Bill on Limits of the Territorial Sea,Fishers and Pollution,*International Legal Materials*,1970,No.9,p.605.

③ 根据《加拿大航运法》第 136(1)(a)、(b)和(i)条制定。

④ 《加拿大北方船舶交通服务区规章》第 2 条规定,北方船舶交通服务区包括:(a)《航行安全控制区法令》所制定的航行安全控制区;(b)不在航行安全控制区之内的昂加瓦海湾、哈得逊海湾和克格马里特海湾等水域;(c)詹姆斯海湾的水域;(d)从昂加瓦海湾到古朱华克的科克索克河的水域;(e)从昂加瓦海湾到塔斯加克的菲欧乐斯海湾的水域;(f)不在航行安全控制区内的切斯特菲尔德海湾的水域和贝克湖的水域;和(g)从詹姆斯海湾到穆索尼的穆斯河的水域。王泽林编译:《北极航道加拿大法规汇编》,上海交通大学出版社 2015 年版,第 55 页。

式和报告内容。① 该规章用英文字母作为报告代码,包括英文字母 A 至 Q,以及 S、T、W、X,其分别代表:船舶名称、船舶位置、实际航向、航速、船舶上一停靠港口、目的港口、预估到达时间、原定航线、吃水深度、船上货物、故障及设备损坏对航行产生不利影响的情形、天气和冰情、船舶授权代表或所有人、船上人员数量等。前文中四种不同航行计划按规定需要报告不同的内容。

(3)《北极航行安全和污染防治规定》

2018 年加拿大为《极地规则》在本国的适用出台了《北极航运安全和污染防治规定》,取代了《防止北极航行污染规定》。这一规定共分为六个部分,分别为:一般规定、第一部分"安全措施"、第二部分"防污措施"、第三部分"相关的修订、废止与生效"、附表一和附表二,②其主要内容为:首先,该规定适用于在极地地区航行的加拿大货船、在航行安全控制区 500 总吨以上的外国客船及货船,不适用于政府船舶和为外国政府所有并用于非商业行为的船舶。③ 其次,规定了在极地地区航行的安全措施和防污措施。其中,加拿大在《极地规则》中所规定的安全措施外,还附加了其他特别的要求。④ 在防污措施方面,加拿大作出了高于《极地规则》的油污排放标准。

从以上加拿大国内规则的内容可以看出,加拿大通过国内立法的方式,一方面,在北极水域航行问题上设立了航行安全控制区制度、交通服务区制度、强制报告等规则,最大限度保护其在北极相关事务中的利益和主动性;另一方面,通过落实《极地规则》等文件的要求履行条约义务并维持加拿大在北极地区的航行安全和防污措施上的高标准。在对待北极相关国际规则的态度上,加拿大一直坚持作为冰封区域沿岸国的特别管辖权,以维持其对西北航道安全的管控。

---

① 《加拿大北方船舶交通服务区规章》第 6 条、第 7 条、第 8 条、第 9 条。航行计划报告需要在船舶将要进入船舶交通服务区与离开交通服务区之前一个小时以上两个小时之内,以及搁浅、动力或操作系统故障、船舶碰撞的情况下进行。位置报告需要在船舶进入加拿大北方船舶交通服务区后马上提交,以及在航行过程中,在每天世界时为 16:00 时进行报告。额外位置报告需要在船舶处于困境、航行受阻、设备损坏、偏离预定位置而迷航、冰情或天气情况威胁航行安全、发现污染物的情况下进行报告。最终报告需要在船舶完成航行,抵达交通服务区的一处锚位,或者离开交通服务区时立即提交。偏航报告则要在船舶位置与航行计划中的位置相差甚远,或者在原定航程发生变化的情况下进行报告。

② Arctic Shipping Safety and Pollution Prevention Regulations,https://laws-lois.justice.gc.ca/eng/regulations/SOR-2017-286/index.html,下载日期:2023 年 9 月 12 日。

③ Arctic Shipping Safety and Pollution Prevention Regulations,Article 3.

④ 例如,要求在航行安全控制区航行的船舶采用规定的系统评估船舶冰区操作性能和限制;向交通主管部门报告船舶自身和航线等相关信息;要求低温区域航行的加拿大籍船舶应配备相应的设备等。

2. 俄罗斯

在北极沿海国中,目前加拿大和俄罗斯明确制定了调整北极航行行为的国内法律制度。与加拿大相类似,俄罗斯是东北航道重要的利益关切方,其对北极航道的国内法调整主要集中在东北航道中的北方海航道部分。北方海航道分布在俄罗斯的内水、领海、专属经济区等水域内,其实现通航的历史较长。① 自苏联时期起北方海航道就被当作国内航道进行使用和管理,20 世纪 90 年代俄罗斯相继出台了 1990 年《北方海航道海路航行规则》(Regulations for Navigation on the Seaways of the Northern Sea Route)、1996 年《北方海航道航行指南》《关于北方海航道破冰和领航指南规则》《北方海航道航行船舶设计、装备和供给的必要条件》等法规来规范航道管理、破冰船领航、船舶设计、环境保护等问题。《北方海航道海路航行规则》虽然允许外国船舶的通行,但是设置了严格的强制领航制度、航行计划报告制度以及破冰协助费用制度,同时对通行船舶的抗冰能力、船壳、废水处理等作了特别要求。② 1998 年《俄罗斯联邦内水、领海以及毗连区法》明确了俄罗斯的内水、领海、毗连区范围以及 200 海里专属经济区的水域范围,③在第 14 条"北方海航道内的航行"中规定北方海航道是历史形成的俄罗斯在北极的统一国家交通运输通道,包括维利基茨基海峡、绍卡利斯基海峡、德米特里·拉普捷夫海峡以及桑尼科夫海峡,船舶在其中应当遵守俄罗斯联邦法律及相关国际协议和穿越北方海的各种航行规则。

2008 年,俄罗斯出台《2020 年前及更远未来的俄罗斯联邦北极地区国家政策原则》,这份文件中提出俄罗斯的北极政策基本目标是维护俄在北极的主导权,将北方海航道作为其在北极地区的主要国家利益,并提到"使用北方海上通道,将其作为俄联邦在北极地区统一的国家交通运输干线","划定具有国际法效力的俄属北极区域外部边界,在此基础上确立俄罗斯在能源资源开采和运输方面的竞争优势",同时提出要建立和发展北方海航道的基础设施和交通管理体系,保障欧亚运输的发展。可以看出俄罗斯对于北方海航道依然保持对航道管辖权单边管控为主的态度。随着北方海航道通航潜力的日益凸显,俄罗斯希望通过开发航道将其打造为连接西欧与东亚的战略咽喉获取地缘优势,同时也可大规模利用航道获取经济利益。为此,俄罗斯

---

① 自 20 世纪 30 年代开始,苏联在东北航道上相继开辟从摩尔曼斯克经巴伦支海、喀拉海、拉普捷夫海、东西伯利亚海、楚科奇海、白令海峡至俄罗斯远东港口的季节性航道,以及从摩尔曼斯克直达雷克雅未克、伦敦等地的航道。史春林:《北冰洋航道开通对中国经济发展的作用及中国利用对策》,载《经济问题探索》2010 年第 8 期。

② 《北方海航道海路航行规则》第 3 条、第 5 条。

③ Federal Act on Internal Maritime Waters, Territorial Sea and Contiguous Zone of Russian Federation, https://www.un.org/Depts/los/LEGISLATIONANDTREATIES/PDFFILES/RUS_1998_Act_TS.pdf, 下载日期:2023 年 6 月 23 日。

对相关国内立法进行了调整,修订并颁布了相关国内立法,适当放宽了船舶在北方海航道的航行许可管控。

2013年俄罗斯《关于北方海航道水域商业航行的特别法修正案》出台,确立了船舶在北方海航道航行的通行许可制度,改变了1990年《北方海航道海路航行规则》中所规定的破冰船强制引航制度,助航服务费也由强制收费变为商定收费。同时,在2013年俄罗斯还成立了北方海航道管理局(NSRA),管理与东北航道航行的,包括维护航运安全和海洋环境在内的相关事务,仅2017年管理局就收到近20个国家的597份航行申请。同时,新的《俄罗斯商业航运法》(Merchant Marine Code of the Russian Federation)增加了第5条第1款,将北方海航道水域范围界定为"毗连俄罗斯北方海岸的水域,包括内水、领海、毗连区和专属经济区,东起俄罗斯与美国的海上边界和杰日尼奥夫角到白令海峡中的纬线,西至新地群岛热拉尼亚角的经线,以及新地群岛东部的海岸线和马托奇金海峡、喀拉海峡与尤戈尔海峡的西部边界"[①],其范围与俄罗斯北冰洋内水、领海及毗连区和200海里专属经济区水域范围相一致。

在维护北方海航道水域环境问题上,船舶的相关航行活动受到俄罗斯国内法的调整。《俄罗斯环境保护法》《防止近海水域污染规则》《俄罗斯大陆架法》《俄罗斯水法》《北方海航道水域航行规则》《防止近海给水海域污染的卫生标准》中的相关规则均适用于北方海航道水域,北方海航道管理局也有保护环境安全、检查船源污染、以环保为目的登临检查外国船舶的职责。

与船舶在北方海航道相关的通行安全和通行管理制度则主要由2013年俄罗斯颁布的《北方海航道水域航行规则》(Rules of Navigation in the Water Area of the Northern Sea Route,2013)调整,规则确立了船舶在北方海航道通行的具体制度,包括航行许可制度、航程报告制度、准入区域与准入实践制度、破冰船领航制度等[②],其内容具体如下:第一,航行许可制度规定,在北方海航道水域航行的船舶需要由船东、船东代表或船长向北方海航道管理局提交申请表,申请表中包含申请船舶公司及个人的信息、申请人作出的遵守北方海航道航行规则的书面承诺,同时还需提交附件1中规定的船舶信息,如船舶吨位证书、船舶污染损害或其他损害责任的保险与资金证

[①] 北方海航道的范围,东侧界限位于西经168度58分37秒,西侧最北端界限位于东经68度35分。http://www.nsra.ru/en/ofitsialnaya_informatsiya/granici_smp.html,下载日期:2022年7月26日。张侠、屠景芳、钱宗旗等:《从破冰船强制领航到许可证制度——俄罗斯北方海航道法律新变化分析》,载《极地研究》2014年第2期。

[②] Rules of Navigation in the Water Area of the Northern Sea Route,2013. http://www.nsra.ru/en/ofitsialnaya_informatsiya/pravila_plavaniya.html,下载日期:2023年2月12日。

明文件等。第二,航行报告制度则规定获准航行的船舶在整个航行过程中要履行严格的报告制度,船舶在进入北方海航道东部边界或西部边界72小时前,船长要向北方海航道管理局报告预计到达东部边界或西部边界的时间;待船舶进入航道后,每天应定时向北方海航道管理局提供船舶名称、IMO编号、航行线路与速度、地理方位坐标以及预计到达海港时间等信息;在船舶离开北方海航道水域时,船长须向北方海航道管理局通知实际离开的时间、线路、地理位置等。① 第三,区域准入制度是指根据《北方海航道水域航行规则》附件2的规定,按船舶的冰级不同设立了不同的可航行区域。例如,无冰机加强能力的船舶只能在无冰区域独立航行;邮轮、运载天然气和化学物质超过10000吨的船舶即使在无冰区航行也只能在每年7月至11月15日在破冰船的协助下航行;冰级1~3级的船舶在北方海航道航行期限为每年7月至11月15日,其中冰级1~3级船舶在冰情较轻的情况下也可在上述海域独立航行;冰级6级以上的船舶在7—11月可以在北方海航道开展独立航行,其他月份的航行时间根据冰情不同而受到不同的限制;对于冰级有加强的破冰船,如冰级9级的破冰船,可以全面通行于北方海航道。第四,破冰船及冰区引航制度,俄罗斯改1990年《北方海航道航行规则》的强制破冰引航制度为许可证制度,这一新规则对冰区引航协助作了详细的规定,如冰区引航员需要具备相应的资质;在引航期间,引航员可以就与冰区航行相关的问题向船长提出建议等。② 此外,在引航费用上综合考虑船舶吨位、级别、航程等因素进行收费,改变了此前固定费率的做法,破冰船提供协助的起止时间地点由船东与服务提供方协商一致决定。

尽管俄罗斯通过国内法规的调整放宽了对北方海航道航行的管控,但外国船舶在北方海航道上的商业航行仍需要得到俄罗斯北方海航道管理局的官方批准,航行过程也受到严格管理。同时,俄罗斯也并没有对北方海航道所处的海域应适用的航行制度进行区分,而是进行统一的内水化管理。

---

① Rules of Navigation in the Water Area of the Northern Sea Route,2013,第14条、第15条、第16条、第17条、第18条、第19条、第20条、第42条。

② Rules of Navigation in the Water Area of the Northern Sea Route,2013,第33条、第34条、第36条。冰区引航员的资格要求包括:(1)有在吨位达3000吨以上船舶上担任船长或主要人员三年以上的经历;(2)船长任职期间至少有六个月冰区航行的经验;(3)同时要成为北方海水域提供冰区引航服务机构的工作人员。以下情形下引航期间引航员可向船长提出建议:(1)冰情评估及船舶在此条件下安全航行的可能性;(2)选择船舶航行的最佳线路以及船舶冰区独立航行的相关方案;(3)为使船舶避免碰撞海冰,选择操作船舶的速度和方式;(4)在破冰船护航时,与其他船舶保持安全速度和距离的方法;(5)执行破冰船船长指示的操作。引航员在引航期间有权使用船上的通讯设备和航行设备,获取船舶构造、操作以及航行设备信息。刘惠荣、李浩梅:《国际法视角下的中国北极航线战略研究》,中国政法大学出版社2019年版,第134页。

随着北极航道价值的日渐凸显,除加拿大和俄罗斯外的其他环北极国家也从各自国家利益的角度出发提出各自对北极航道治理的认识。美国一直秉持自身"北极大国"的定位,将北极作为其重要国家利益。美国国防部发布的《北极战略报告2019》中将北极航道作为战略竞争的潜在走廊,并希望通过确保美国在北极航道的航行自由和飞跃,限制俄罗斯及其他国家利用北极航道作为竞争走廊的能力。同时,美国认为应以规则为基础建立其北极航道乃至北极秩序,认为俄罗斯 NSRA 海上作业和单方面限制是有违国际法的。

从上述北极国家对北极航道治理的法律机制,一方面,体现了北极沿岸国对北极航道主权和航运资源的高度重视,另一方面,由于北极航道主权争议问题仍未得到解决,围绕北极国家航道治理和航运管理措施的相关争论仍将持续。

(四)北极航道通行多层级法律治理机制的不足

北极航道通行的法律治理已取得了长足的进步,形成多主体、多平台、多层次的治理机制,呈现"软法"与"硬法"交织的特点。但在实践中,受地缘政治、主权争议、航行技术等多方因素的影响,现有北极航运通行规则治理机制还存在一定的不足。

1.全球性和区域性治理机制不完善

在北极航运的全球治理机制中,《联合国海洋法公约》发挥基础性的作用,为北极航道通行规则的制定提供法律支撑。然而作为 20 世纪 80 年代产生的国际公约,受制于当时的科技水平,《联合国海洋法公约》不能预见北极地区因气候变暖而产生的一系列海洋法律秩序变化,因此对北极的一般性制度与规则的规制存在空白,导致北极沿岸国在航道通行权利上出现各行其是的情形。此外,国际海事组织、北极理事会制定的相关通行规则属于"软法性"文件,执行的弹性较大,难以保证达到预期效果。

2."冰封区域"条款被沿海国放大使用导致规则冲突

《联合国海洋法公约》第234条"冰封区域"条款是专门为极地区域设计的规则,该条款赋予极地沿海国在其专属经济区内制定航行管控措施的权利。"冰封区域"规则虽然旨在保护极地的航运和环境,但实际上是加拿大主张维护本国主权权利而与苏、美妥协的产物。作为北极航道沿岸国,如果以"冰封区域"条款为由过度放大使用,制定比全球治理规则和区域治理规则更为严格的国内法,单方面提高航行安全和环境保护的标准,可能造成沿岸国国内立法与《极地规则》等航运规则之间的冲突,给北极航道各使用国的通行带来困扰。

3.区域治理机制的"封闭性"不能适应北极航运治理多元化诉求

从现有北极区域治理的实践来看,北极理事会目前是保守型的封闭性决策体系。

北极国家与非北极国家的身份对立是阻碍北极航运治理的重要原因,但无论是主张航线主权权益的俄罗斯、加拿大,还是其他环北极国家或非北极国家,在航线的对外开放和国际合作上均存在共同的利益基础。北极航运通行规则的落地需要域外国家的认可与遵守,有必要摒除过于封闭的区域治理态度,促进北极国家以及非北极国家对话,构建良好的北极航运治理规则体系。随着北极航运活动的日益增加,未来涉及北极航运治理的问题将越来越多元化,北极理事会区域治理机制的过度封闭会限制其参与其他议题的机会。

4.航道通行规则碎片化

与南极不同,北极地区还没有形成如《南极条约》体系一样的法律规则体系,针对北极航道通行的法律呈碎片化状态,不仅包括全球性国际公约、区域协议、双边条约,还包括国内法。从法律效力来看,这些规则有的是具有拘束力的硬法,有的是没有拘束力的软法;从适用的角度来看,规则的主体、适用范围、条约文件的权利义务各不相同。规则体系的极度碎片化是北极航运治理面临的问题。

第二节 北极航道法律地位争议下的海峡通行制度讨论

在本章的开篇中提到,近年来随着全球变暖、北极海冰急速融化,北冰洋成为国际航道指日可待,北极航道重大的战略价值使得环北极国家,如加拿大、俄罗斯、美国、丹麦等,对航道的主权与管辖权展开了激烈争夺。事实上,北极航道法律地位的争议不仅关系北极地区的和平安定,也影响北极航道的主权、管辖与各国在北极航道通行时的权利义务,换言之,北极航道的管控既是政治问题也是法律问题,这一问题的僵持不下将给北极航运安全与秩序带来负面影响。

目前,对于北极航道法律地位的争议主要集中在北极航道所经过的海峡性质为何,其是否属于"用于国际通行的海峡"。根据国际海洋法的规定,海峡法律地位不同,其所适用的通行制度也不同,对北极航道沿岸国和使用国会带来不同的政治和法律影响。因此对北极航道所涉的海峡属性进行分析,将有助于厘清明晰各国在北极航道中的航行权利,维护北极航道的通行秩序。

一、国际海峡的认定标准

在《联合国海洋法公约》出台之前,国际社会对于国际海峡的法律地位和认定标准没有定论,而事实上,无论是1958年《公海公约》还是《联合国海洋法公约》都没有对国际海峡进行明确的界定,目前对用于国际通行的海峡制度的规定和解释仍需回溯到1949年的"科孚海峡案"判例中。在该案中,国际法院试图建立一个分类标准对用于国际通行海峡的特征进行判定。国际法院在"科孚海峡案"的判决中写道:"界定用于国际航行的海峡的决定性标准在于该海峡在地理上两端要连接公海之间,并且具有被用于国际航行的事实。"① 该判决体现了判定用于国际通行海峡的两个标准——地理标准和功能标准。

1. 地理标准

如前所述,国际海峡这一概念作为习惯认知存在已久,但直到"科孚海峡案"其才被作为海洋法中的概念加以确立。② 在"科孚海峡案"确立的地理标准之上,由于专属经济区等海洋法新制度的建立,《联合国海洋法公约》对"用于通行的国际海峡"作出新的界定"国际海峡是指连接公海(或专属经济区)之间的,或者连接公海(或专属经济区)与领海之间的经常用于国际航行的,且未通过国际条约对各国开发的海峡"。根据这一规定,用于国际通行的海峡可分为三类,一是介于公海(或专属经济区海域)的一部分和公海(或专属经济区)的另一部分之间的用于国际航行的海峡;二是在公海(或专属经济区)的一个部分和外国领海之间用于国际通行的海峡;三是位于海峡沿岸国的一个岛屿及其大陆之间的海峡,而在该岛向海的一面有在航行和水文特征方面同样方便的一条穿过公海或穿过专属经济区的航道。③ 其中,各国船舶在第一类海峡中享有过境通行权,在第二、第三类海峡中享有无害通过权。

2. 功能标准

学者Erik Bruel在1947年就提出海峡对国际商业的重要程度是决定海峡是否属于国际海峡的重要因素。④ 相较于地理标准,功能标准的判定较为困难,"科孚海峡案"判例中国际法院就曾强调用于国际通行的海峡需具有"被用于国际航行的事

---

① The Corfu Channel Case (United Kingdom v. Albnia),[1949] I.C.J. Rep.4.
② Matt Roston, The Northwest Passage's Emergence as an International Highway, Southwestern Journal of International Law, 2008, Vol.15, p.462.
③ 张海文、贾宇、吴继陆等:《〈联合国海洋法公约〉图解》,法律出版社2009年版,第27页。
④ Erik Bruel, International Straits, Sweet and Maxwell, Ltd, 1947, Vol.1, p.42.

实",但其也并未对满足国际海峡判断的功能标准作出详细的说明。① 那么,如何判断哪些因素对海峡国际航行的功能具有影响呢? 根据 Erik Bruel 的观点,国际海峡的航行功能是由海峡的船舶通行数量、船舶总吨位、货物总价值、船舶平均排水量以及船舶是否分属于不同的国家这几项因素综合起来决定的,任何单一因素都不行。② 换言之,只有具有十分重要的国际经贸价值的海峡才能被视为国际海峡。但是有一个问题在于《联合国海洋法公约》没有对航行作出明确的规定,即国际航行是单指水上航行还是包括潜艇的航行,如果包括潜艇的航行,那么上述标准是否应该将潜艇的通行数量、吨位等计算在内综合考量。③ 同样,在实际运用当中,功能性标准中的"用于国际航行"(used for international navigation)应该如何判断,国际航行的使用到底是指海峡已经投入实际使用(actual use)还是"可能被使用"或"将来被使用"(potential used)并没有一个确定的解释。对于这一点学界看法各不相同,有观点认为这种使用不仅包括实际使用,也包括未来可能的使用;④ 而有观点则认为海峡必须有被用于国际商贸航行的事实,即被实际使用才能被认定为国际海峡。⑤ 从地理经济的角度看,如果仅考虑海峡的实际使用而忽视海峡未来的使用前景并不科学。当今世界经贸发展日新月异,部分传统商贸强国被新兴经济体所取代,经济重心的转移导致传统商贸航线衰落、新兴航路发展,拘泥于历史的判断依据未免太过单一。特别对于具有巨大国际航运潜力的北极航道而言,由于特殊的地理气候条件,在过去并没有太多被实际用于国际航行的先例,但随着世界对北极新兴航路需求的增长,且不论从船舶条件、航行技术还是航线勘探等方面都已经具备了可能性,其成为用于国际通行的航线的技术性要求已经初步实现,基于此,用"实际使用"与"可能被使用"相结合的综合标准来衡量国际海峡的功能性更具有合理性和灵活性。

---

① Michael Sternheim, Regulating the Northwest Passage, *Loyola Maritime Law Journal*, Fall 2011.

② 郭培清等:《北极航道的国际问题研究》,海洋出版社 2009 年版,第 143 页。

③ Katarzyna Zysk, Military Aspects of Russia's Arctic Policy: Hard Power and Natural Resource, in *Arctic Security in a Age of Climate Change*, James Kraska(ed.), Cambridge University Press, 2011, p.86.

④ W. L. Schachte, The Value of the 1982 UN Convention on the Law of the Sea-Preserving Our Freedom and Protection the Environment, *Ocean Development & International Law*, 1993, No.23, p.184.

⑤ Donat Pharand, The Northwest Passage in International Law, *Canada Year Book of International Law*, 1979, Vol.17, p.107.

二、西北航道的海峡属性分析

西北航道的主权争议由来已久,20世纪60年代"曼哈顿"号事件是加拿大与美国就西北航道海峡属性产生争议的导火索,①而争议的焦点在于西北航道的性质是否是国际海峡。

如上文所述,地理性标准和功能性标准是衡量国际海峡的判断依据。根据地理性标准,西北海航道是连接大西洋和太平洋之间的通道,其东端与巴芬海湾、戴维斯海峡和大西洋相连;其西端与楚科齐海、白令海峡以及太平洋相接,完全符合《联合国海洋法公约》中"连接两部分公海或专属经济区"的条件。而西北航道海峡属性的争议在于其是否符合国际海峡的功能性标准。在现有的讨论中,功能性标准对西北航道的应用主要体现在两个方面:一是西北航道的通行量,二是西北航道的使用到底是"实际使用"还是"可能被使用"。从目前可获得的数据来看,1903—2005年,共有106航次船舶穿越西北航道,②主要由三类航行构成:破冰船的通行、游轮的通行以及军舰的通行。加拿大学者认为西北航道的这三类航行一方面不属于商业航行,且航行本身处于加拿大的主权管控之下,另一方面从通行量来看平均一年仅一次通行,可以说"西北航道的通行量对世界航运来讲是可忽略不计的"③,基于此他们认为从功能性标准来看西北航道不属于国际海峡。这种观点,并不恰当。首先,功能性标准中的"国际航行"、"使用"以及"通行量"等因素的规定本身就充满了争议。虽然国际法院在"科孚海峡案"的判决中称"科孚海峡大约有6个国家3000余航次的年通行量,是一个有航运价值的航路"④,但该案并没有对确定国际海峡的航运量标准作出最低限

---

① 20世纪60年代,美国在阿拉斯加北坡发现大油田,美国亨伯石油公司决定派遣"曼哈顿"号进行穿越西北航道的试验性航行。在出发前,亨伯公司通知加拿大政府,咨询冰情。美国海岸警卫队也通知加拿大,欲派船护航"曼哈顿"号,但拒绝了加拿大提出的事先提出申请以获得批准进入西北航道的要求。1969年8月"曼哈顿"号在加拿大破冰船"麦克唐纳"号和美国破冰船"北风"号的护航下穿过西北航道。由于被认为侵犯了加拿大在北极地区的主权,"曼哈顿"号的航行引发了大量的争议。1970年美国宣布"曼哈顿"号将进行第二次航行,再度激起加拿大的反对,民众要求政府确认加拿大对西北航道的主权,但美国则认为西北航道是国际海峡,其享有在西北航道内的航行自由。

② 郭培清等:《北极航道的国际问题研究》,海洋出版社2009年版,第346~350页。

③ McDorman T.L., In the Wake of the Polar Sea: Canadian Jurisdiction and the Northwest Passage, *Marine Policy*, 1986, No.10, p.251.

④ The Corfu Channel Case (United Kingdom v. Albnia), [1949] I.C.J. Rep.4.

制,正如Rothwell所说的"海峡的交通量并不是确定国际海峡的唯一必要因素"[①],美国学者Michael Byers也认为国际运输量与海峡是否适用国际海峡的标准并无直接的关系。[②] 其次,在对于西北航道使用因素的认定上,美国"曼哈顿"号、"极地海"号的通行都可以看作是西北航道实际用于国际航行的例证。虽然目前西北航道尚未被完全开发作为国际航路,但相关的科学研究显示,随着全球变暖,西北航道在可预见的时期内将成为一个高效的可航航线,[③]加拿大政府在2016年也曾预计,随着海冰情况的改善,到2020年通行于西北航道的船舶数量将达到600～700艘。[④] 正如上文所述,由于北极航道特殊的地理气候因素,以及国际贸易航线在北半球的密集分布这些客观因素,假以时日,随着各国航海技术、实力的增强,"逐渐上升的国际船只的通行也将引发航道的国际化"。[⑤] 到目前为止,由于在功能性标准的认定上存在争议,西北航道虽然还没有被确认为国际海峡,但包括加拿大学者在内的很多学者都认可西北航道在不久的将来有很大的可能成为国际海峡这一观点。

三、东北航道的海峡属性分析

关于东北航道海峡属性的争议来自与俄罗斯对东北海峡的国内法规定与国际海洋法普遍规则的冲突。尽管俄罗斯是《公海公约》和《联合国海洋法公约》的缔约国,但其主张对东北航道中北极群岛之间以及北极群岛与其大陆之间的海峡为俄罗斯内水,宣称北极航道中的海峡不适用《联合国海洋法公约》对于"国际通行"的相关规定,所有通过北极海峡的船只需要接受俄罗斯的领航和破冰服务。对于俄罗斯的这种单方面声明,美国就曾提出反对,认为东北航道海峡是国际海峡而非俄罗斯内水,俄罗斯这种单方面的法律规定有违国际规则,对于东北航道海峡属性的判断仍应按照"科

[①] D.R. Rothwell, The Canadian-US Northwest Passage Dispute: A Reassessment, *Cornell International Law Journal*, 1993, Vol.26, p.357.

[②] Michael Byers, *Intent for a Nation: What is Canada for?*, Douglas & Mcintyre, 2007, p.157.

[③] Aldo Chircop, The Growth of International Shipping in the Arctic: Is a Regulatory Review Timely?, 24 *International Journal of Marine and Coastal Law*, 2009, Vol.24, p.360.

[④] Nick Murray, Ocean North Canada Calls for Inuit Input on Canada's Arctic Shipping Corridors, CBC News, Apr.5, 2016, http://www.cbc.ca/news/canada/north/arctic-shipping-corridors-1.3521301,下载日期:2022年9月1日。

[⑤] Donat Pharand, Leonard H. Legault, *Northwest Passage: Arctic Straits*, Martinus Nijhoff Publishers, 1984, p.110.

孚海峡案"所体现的地理性标准和功能性标准来进行界定。《北极海运评估》将东北航道界定为西起摩尔曼斯克,经北冰洋南部的巴伦支海、喀拉海、拉普捷夫海、东西伯利亚海至太平洋白令海到符拉迪沃斯托克的海上通道。虽然东北航道确切的起点与终点在国际上尚无定论,但它是公认的连接大西洋和太平洋的海上通道,从这一点来看,东北航道毫无疑问是符合国际海峡地理性标准的。

相较于西北航道,东北航道的通航条件更好、国际通航的历史更长,航行实践也更为丰富。资料显示自19世纪70年代开始前挪威捕猎者常穿越喀拉海峡和伊戈尔斯基海峡,在19世纪80年代每年约有20次外国船只通过喀拉海,这是东北航道国际通行的最早证明。[1] 到20世纪东北航道的国际航行更为频繁,20世纪20年代开始苏联通过东北航道从欧洲进口化工产品、谷物等大宗货物,开启了东北航道国际商贸往来的记录,据统计仅1993年东北航道商贸航行就达16航次。[2] 进入21世纪,随着北极冰的溶解,东北航道作为连接亚洲、欧洲和美洲的最短航路,其航运价值和前景受到国际社会的广泛关注。在2005年圣彼得堡经济论坛会议上,俄罗斯联邦外交部长拉夫洛夫表示"东北航道对于欧亚运输通道具有重要的意义",普京在公开场合也多次强调东北航道在国际商业运输中发挥着重要的作用。2009年德国布鲁格航运公司的两艘货船从韩国出发,向北通过往年因冰封无法通行的东北航道,抵达鹿特丹港。2011年挪威楚迪航运公司使用抗冰货轮从挪威希尔科内斯港出发穿越东北航道将铁矿石运至中国。根据俄罗斯北方海航道管理局的统计数据显示,2011年至2019年间,总共有307艘次船舶穿越北方海航道,虽然船舶航行数量不能与传统的海上通道相比,但通行次数呈现上升态势。这些航行实践表明,不论从实际使用的角度还是从国际航运(international navigation)的角度,东北航道都符合国际海峡功能性标准的规定。综上所述,无论从国际海峡的理论判断标准出发,还是从航运实践和航运前景出发,东北航道都具有国际海峡的法律属性。

尽管从国际法的角度来看,论证了西北航道和东北航道具有国际海峡的属性,但这两个航道实际上仍在加拿大和俄罗斯的有效控制当中。这就出现了各国一方面寻求在上述航道的过境通行权,另一方面又不得不服从加拿大和俄罗斯两国国内法通行规定的矛盾现象。如何解决北极航道的法律地位和权属问题,是效仿《南极条约》建立北极地区的多边协定还是在《联合国海洋法公约》的框架下进行协商呢?从北极治理的现实情况来看,效仿《南极条约》模式并不现实。首先,北极航道所涉国家众

---

[1] 郭培清等:《北极航道的国际问题研究》,海洋出版社2009年版,第226页。
[2] Y. Ivanov, A Ushakov and A. Yakovlev, *Current Use of the Northern Sea*, INSROP Working Paper, 1998, No.96, p.16.

多,不仅包括环北极国家、近北极国家,还包括对北极航道有利益需求的其他国家。虽然效仿南极模式对北极实行和平利用符合非北极国家的利益,但会招致环北极国家的反对而难以实现。其次,北极航道和北极问题有其特殊性,北极航道利益已经是既存事实,如效仿《南极条约》模式,让利益相关方接收冻结原则,放弃现有权利是不可能的。事实上,在《联合国海洋法公约》框架下解决北极航道权属问题是目前国际社会的一个共识,但由于《联合国海洋法公约》本身即各国利益妥协的产物,有一定的先天不足,其条文对与北极航道相关的规定并不明确,导致了各国在适用和解释中的任意性。这为解决北极航道海峡的性质与权属带来了诸多不确定性,加之沿岸国政府积极以各种方式加强其对航道的管控,如自2007年开始,加拿大在北极地区开展"纳努克行动"例行演习借以强化其对航道的管辖权,综上所述,在短期内这一问题难以得到有效的解决。

那么在暂时不能实现过境通行权的情况下,如何保障中国未来在北极航道中的航行权利呢?对于这一问题,笔者认为要从务实的角度出发,较为可行的方式是我国在不放弃北极航道属于国际航行海峡的主张下,遵守沿海国通行规则,在此基础上通过与沿海国进行双边协商来保证本国在北极航道航行权利的实现。

第三节 特别敏感海域制度对航行设置的"绿色壁垒"

由于北极地理位置的特殊性和生态环境的脆弱性,除北极航道的通航技术之外,环保也是北极航道面临的重要问题之一。自20世纪60年代起,相关国际组织已开始使用航行措施保护海域脆弱生态环境的实践。为了减少航运活动对海洋环境产生的负面影响,国际海事组织建立了特别敏感海域制度(Particular Sensitive Sea Area,PSSA),意在减少航运对海洋的危害,维护海洋的生态安全。PSSA(P)的提出受到世界许多沿海国的重视,不少国家向国际海事组织海上环境保护委员会(MEPC)递交申请,目前已有16个海域被MEPC确定为PSSA。受此影响,加拿大、挪威、俄罗斯等环北极国家也意欲提出PSSA申请,如果环北极国家PSSA被批准建立,将会对北极航道的通行造成什么样的影响,其对北极航运将起到促进还是限制的作用,是否会造成新的航行"绿色壁垒",这些问题都值得我们进一步深入探讨。

一、特别敏感海域制度的功能与保护机制

作为划界管理工具,特别敏感海域是指需要通过 IMO 的行动特别保护的海洋区域,这些区域经过确认在生态、社会经济、科学特征等方面具有特殊意义,而这些特征又特别容易受到国际航运活动的破坏。[①] 根据 IMO 的规定,各国申请建立的特别敏感海域至少需要满足下述条件之一:"第一,11 项生态标准,如该海域具有生态的稀缺性和独特性;某些鱼类的关键栖息地;具有生态代表性、多样性;具有很强的生态繁殖能力;生物的关键产卵地;生态结构的依赖性、脆弱性;具有未受人类侵袭的自然性;具有生物地理的重要性。第二,3 项社会文化和经济标准,即具有特别的经济益处;具有娱乐旅游的重要性;对本地居民的生存具有重要意义。第三,3 项科学和教育标准,即该海域具有科学重要性,具有生态和环境的研究意义,能展示特别的生态现象。"[②] 而事实上,IMO 对 PSSA 的范围并未作强制性的规定,申请国可以就其领海、专属经济区或海峡内的任何海区作为 PSSA 加以申请。在实际申请中,各国将 PSSA 的申请同相关保护措施(Associated Protective Measures,APM)[③]一起提交 MEPC,MEPC 采取逐个审查的方式予以批准。目前 IMO 已经批准了 16 个特别敏感海域,沿岸国在这些特别敏感海域内采取了多种保护措施,如禁止通航、分道通航、强制报告和航行监督等。从已实施的保护措施来看,APM 确实能有效减少国际航行对这些敏感海域的环境影响,可以说上述保护措施构成了 PSSA 制度的核心。

二、特别敏感海域设立的国际法依据

如前所述,PSSA 制度是基于 IMO 所建立的保护脆弱海洋生态的举措之一,具有较为完整的体系和实施规则。跳出 IMO 来检视特别敏感海域制度的法律依据是

[①] Particular Sensitive Sea Area, http://www.imo.org/blast/mainframe.asp?topic_id=1357,下载日期:2023 年 10 月 8 日。

[②] International Maritime Organization. Resolution A.927(22). Guaidelines for The Designation of Special Areas Under MARPOL 73/78 And Guidelines For The Identification And Designation of Particularly Sensitive Sea Areas, London: IMO, 2002, pp.8-10.

[③] 相关保护措施是指用以保护特别敏感海域,减少或使其免受国际航行带来的环境危害的措施。可采用的相关保护措施包括:MARPOL(附件 I,II,V),SECAs(附件 VI)中的一系列规定。

很有必要的。事实上,由于特别敏感海域的设立,形成了外国船舶在沿海国享有的通行权与 PSSA 航行限制之间的矛盾。根据《联合国海洋法公约》的规定,外国船舶在沿海国所辖海域享有无害通过权、过境通行权等法定权利,这些权利旨在保证各国在海上通行的畅通与自由。但《联合国海洋法公约》第 194 条第 5 款也指出"缔约国有义务采取必要的措施保护和保全稀有或脆弱的生态系统,以及衰竭、受威胁或有灭绝危险的物种和其他形式的海洋生物的生存环境"。PSSA 三个申请标准中的生态标准就是按照上述规定作出的,由此可以将第 194 条的规定看作是 PSSA 建立的法律依据之一。此外,《联合国海洋法公约》第 211 条第 6 款也被视作 PSSA 设立和相关保护措施的法律依据。

从《联合国海洋法公约》第 211 条第 6 款的条文可以看出,[①]事实上该条款并没有明确规定并指出要建立如 PSSA 这样的特别区域,相较之下更多的是提到需要在特殊的海域采取特别的保护措施,同时在第 6 款中提到的特别区域也并不是 MARPOL73/78 中提到的特别区域。[②] 因此,有观点称第 211 条应看作是 PSSA 相关保护措施的法律依据而非 PSSA 本身的依据。[③] 事实上,第 6 款的规定已经成为 MEPC 对 PSSA 申请进行审查的参考原则之一,PSSA 中的相关保护措施不能与该款规定相违背,甚至有人建议 PSSA 准则修改时,程序方面也应完全参照第 211 条第

[①] 《联合国海洋法公约》第 211 条第 6 款:"(a)如果第 1 款所指的国际规则和标准不足以适应特殊情况,又如果沿海国有合理根据认为其专属经济区某一明确划定的特定区域,因为其海洋学和生态条件有关的公认技术理由,以及该区域的利用或其资源的保护及其在航运上的特殊性质,要求采取防止来自船只的污染的特别强制性措施,该沿海国通过主管国际组织与任何其他有关国家进行适当协商后,可就该区域向该组织送发通知,提出所依据的科学和技术证据,以及关于必要的回收设施的情报。该组织收到这种通知后,应在十二个月内确定该区域的情况与上述要求是否相符。如果该组织确定是符合的,该沿海国即可对该区域制定防止、减少和控制来自船只的污染的法律和规章,实施通过主管国际组织使其适用于各特别区域的国际规则和标准或航行办法。在向该组织送发通知满十五个月后,这些法律和规章才可适用于外国船只。(b)沿海国应公布任何这种明确划定的特定区域的界限。(c)如果沿海国有意为同一区域制定其他法律和规章,以防止、减少和控制来自船只的污染,它们应于提出上述通知时,同时将这一意向通知该组织。这种增订的法律和规章可涉及排放和航行办法,但不应要求外国船只遵守一般接受的国际规则和标准以外的设计、建造、人员配备和装备标准;这种法律和规章应在向该组织送发通知十五个月后适用于外国船只,但须在送发通知后十二个月内该组织表示同意。"

[②] Myron H. Nordquist(ed.), *United Nations Convention on the Law of the sea* 1982: *A Commentary*, Martinus Nijhoff, 1991, Vol.4, p.181.

[③] Evaluation of the Wadden Sea Particularly Sensitive Sea Area(PSSA)Final Report, by Southampton Solent University, January, 2010, p.14.

6款的规定。① 可以说《联合国海洋法公约》第211条第6款为PSSA相关保护措施提供了设置的法律基础,同时其规定又高于相关保护措施,为PSSA中相关保护措施的发展提供了更高的参考标准。

三、特别敏感区域制度对北极航运通行的限制

如上所述,《联合国海洋法公约》第194条和第211条是PSSA制度及其相关保护措施建立的法律基础。确实,PSSA制度的设立对海域的生态保护起到了正面的作用,但也应看到PSSA制度的效果并不全部是积极的。对PSSA设立的评价当从实践本身出发。首先,目前IMO已批准设立了16个PSSA,如澳大利亚的Great Barrier Reef与Torres Strait,丹麦、德国和荷兰的the Wadden Sea,以及美国的the Florida Keys等,大多数PSSA的申请国家都是发达国家,相较于发展中国家,其在PSSA制度的申请、设立等各方面具有先天的优势,这很容易导致PSSA制度成为发达国家单边的对各国航行的限制。其次,PSSA国家对相关保护措施的设置具有任意性,以澳大利亚和美国为例,澳大利亚对Torres Strait和Great Barrier通行的船舶实行的相关保护措施包括引水、强制报告和定线制,而美国对Florida Keys水域则直接采取禁止通航和禁止抛锚措施。有观点就对此进行了批评,担心PSSA相关保护措施的设置的任意性和不合理性给海上通行带来阻碍。② 的确,这种担心并非杞人忧天,IMO对于相关保护措施采取的是开放式的设置,即只要PSSA国家制定的措施包括其现有的法律条文中已有的任何措施,或者虽然现在的法律中没有,但只要是IMO所规定范围内的可行措施都是可以的。这就给PSSA国家单方面的"绿色壁垒"设置提供了机会,换言之,不论PSSA国家采取何种高标准的相关保护措施,甚至这种措施的保护标准远高于IMO范围内的合理水平或者相关保护措施与要保护的PSSA目的之间没有直接的联系,只要PSSA通过其国内法予以认定,那么这种保护措施同样就可能被PSSA采用的,这会给各国船舶在该区域的通行造成了潜在的困扰。最后,IMO对PSSA的设立申请没有明确的限制,从理论上讲,任何国家都可以将任何海域申请确定为PSSA海域,不论这些海域是属于其领海、专属经济区还是用

---

① See Proposed Amendments to Assembly Resolution A. 927(22) to Strengthen and Clarify the Guidelines for the Identification and Designation of Particularly Sensitive Areas, Submitted by the United States, IMO/MEPC 52/8, 9 July 2004.

② Evaluation of the Wadden Sea Particularly Sensitive Sea Area(PSSA)Final Report, by Southampton Solent University, January, 2010.p.30.

于通行的海峡。同时 PSSA 的确定只要符合 IMO 的生态标准、社会文化和经济标准和科学教育标准三者之一就可以成立。事实上这种"低门槛"的认定标准可能使 PSSA 评定过于主观,也可能使 PSSA 制度越来越成为沿海国对本国海域进行通行限制的合理理由。

北极航道由于其地理位置的特殊性和生态的脆弱性,使环保成为探讨北极航道所无法回避的问题。事实上,环北极沿海国对 PSSA 抱有极大的热情,如加拿大正在考虑将西北航道的有关海域申请为 PSSA,其理由是担心日益增多的航运可能干扰西北航道的野生动物生存、航运可能带来的石油泄漏会导致巨大的生态灾难以及压舱水可能导致生物入侵等。[①] 可以预想一旦西北航道被批准为 PSSA,此范围内的船舶将受到航道限制、排放、装载船舶交通管理系统的严格要求,这些对于试图利用北极航道的国家来讲不啻为一种变相的、附加的航运负担。如果环北极国家均以环保为名申请 PSSA,对北极航道进行通行限制,那么北极航道的航运功能将大为减弱,此时的 PSSA 将成为环北极国家控制、管理北极航道通行的制度武器,对各国的航行权以及国际航运业产生负面影响和造成潜在的制度性危害。

为了避免上述由于环境保护对航行产生的限制,不论作为国际标准的制定者 IMO 还是环北极 PSSA 申请国以及享有航行权的其他国家,应对现有 PSSA 准则的局限性进行充分的了解,通过协商的方式对现有 PSSA 制度的不足进行调整,以平衡环境保护与维护航行通道畅通之间的关系。

综上所述,目前新兴的北极航道已经投入商业使用,沿北极航道运输的货物量逐年增长,特别是以大宗货物或能源运输,但由于涉及航道沿岸国、航道使用国、船东、班轮公司等基于环保和经济利益因素考量对北极航道的利用尚不积极,部分班轮公司称在未来几年将北极航道作为正常集装箱航线的条件仍不成熟。

然而对中国而言,北极航道的开通对促进我国的远洋贸易、改善我国航运安全条件有着重大的意义。自 2011 年国家提出建设"海洋强国"发展战略,特别是在"一带一路"倡议的背景之下,北极航道已然成为关系中国"冰上丝绸之路"和"蓝色经济通道"建设的重要问题。我国在北极航道特别是北方海航道的商业航行也进入常态化,通航量呈逐年上升的态势,自 2013 年中远海运"永盛"轮开始首次商业航行以来到 2019 年,中远海运集团共在北极航道开行 31 个航次的商业运输,运输货物 52.41 万吨。[②] 可以预见,未来中国在北极的商业航行在现有东北航道常态化运营的基础上

[①] 郭培清:《北极航道的国际问题研究》,海洋出版社 2009 年版,第 166 页。
[②] 蔡梅江、曹伟、胡冰:《北极东北航道经济性及未来发展趋势分析》,载《交通信息与安全》2020 年第 3 期第 38 卷。

仍将会进一步增长。为此,我国对于北极航道的自然环境安全、基础设施建设、航道法律地位争议、沿岸国航运管理控制等可能影响航运的相关风险应作全面考量与应对。2018年中国发布的《中国的北极政策》白皮书中就曾提出"中国是北极事务的积极参与者、建设者和贡献者","中国的资金、技术、市场、知识和经验在拓展北极航道网络和促进航道沿岸国经济社会发展方面可望发挥重要作用"。[①]为此,在防范北极航道航运风险问题上,中国可以发挥的作用主要在以下几个方面:

第一,可加强与北极航道沿岸国在航道保障方面的合作,防范因北极特殊的自然生态因素、航道基础设施建设不足带来的航运风险。在极地通讯、海冰监测等北极航道利用基础性保障方面,中国应积极与北极沿岸国进行合作,参与到相关的科研事务中。同时中国也一直在加强北极航道的地理气候环境研究,为安全北极航线的开拓提供科技支撑,例如2020年中国建立了首颗北极航道监测卫星(synthetic aperture radar),可以准确记录北极海冰冰情变化,为北极航道通行提供重要数据服务,中国也参与到北极持续观测网(SAON)的建设中,通过与他国分享数据提升自身的观测水平。在北极航运基础设施建设方面,恶劣的自然气候条件使北极航道基础设施建设比普通航线面临更大的困难,例如土壤的冻融、热胀冷缩等给港口基础设施建设带来各种挑战,以及北极航道的防灾减灾等问题,可以说技术短板成为影响北极航道基础设施建设的普遍难题。目前中国已经与俄罗斯成功开展了亚马尔LNG项目,[②]中国仍应积极加强与北极各重要沿岸国的合作,如挪威、芬兰、瑞典等北欧国家,学习其在冰区航运、通讯、船舶建造等领域的先进技术与经验,为中国未来在冰区商业航行的安全开展提供技术储备。

第二,在全球、区域合作机制层面广泛进行北极航运方面的合作。以北极理事会为例,自2009年北极理事会发布《北极海上航运评估报告》以来,其在沟通北极国家航运政策、促进航运建设与合作等方面发挥了重要的平台作用。但是由于北极理事会在日常运作中以北极八国为主导,作为观察员的域外国家在北极事务中所发挥的作用十分有限。由于北极航道问题是关系到世界多个国家的国际性事务,问题的特性决定了对于它的调整需要更多域外国家的参与与合作。为此,建议中国充分利用北极理事会观察员这一角色,一方面增加在北极理事会工作组的各项支持与投入,另一方面从与北极航道开发利用有关的科学和技术领域入手,深入了解北极国家的政

---

① 国务院新闻办公室发表《中国的北极政策》白皮书,http://www.xinhuanet.com/politics/2018-01/26/c_1122320087.htm,下载日期:2023年8月23日。

② 2013年中石油进入并持股20%。自此,每年有400万吨液化气运往中国市场。俄罗斯亚马尔LNG项目基地建起了各种基础设施:1400万吨/年卸货量的物料码头、两个年运输量1700~1800万吨的LNG和凝析油工艺码头、机场、学校、技校、医院也纷纷落地。

策倾向,通过研究、决策、建议等方式形成对北极航道相关事务的正向影响力,为中国间接参与北极航道治理营造良好的空间。

第三,在双边层面加强与北极航道重要沿岸国的合作。从实践来看,中国对拓展在东北航道的运营有较强的现实需求,在地缘、国家战略、航运条件等方面中国与俄罗斯也有广泛的共同利益和合作基础。为此,中国可通过共建"冰上丝绸之路",以经济合作为主要方式参与到东北航道的建设中,在符合国际法的前提下行使应有的通行权利。同时,对于潜在的航行管控风险问题,中国可以通过以双边协商或建立双边合作平台等方式,积极与沿岸国达成妥善、便利的实施方案,维护中国在北极航道中的切身利益。

第四章

应对海上航运风险的路径与对策

如上文所述,现有航运安全无论是在传统的海上通道还是新兴的海上通道都面临着不同类型、不同程度的挑战。传统海上通道开通时间长、有较为成熟稳定的航线,沿海国与使用国在长期合作中形成了较为务实的权利义务协调处理机制,所以主要的航运风险挑战来自外部因素,如地缘政治因素的干预,海盗、海上恐怖主义的袭击等。新兴海上通道尚处于航道运营的起步阶段,还没有大规模的国际航运实践,班轮航线的开辟也尚待时日,所以新兴海上通道中的航运风险主要侧重于航道建设和航运制度方面,如完善航道基础设施建设、明确新兴航道的海峡法律地位、避免航道沿海国对航道的排他性控制等。规避上述航运风险,维护良好的航运秩序就要求我们进一步完善全球海上航运治理机制、加强本国海上战略能力建设以及进行有效的国际合作。从全球航运格局来看,中国既是重要的海上航道沿岸国又是海上通道的使用国,随着"一带一路"的建设,中国对航运安全的利益诉求立场还是以使用国为主。在现有背景下,从中国国家利益出发,减少航运风险,维护航运安全与秩序,需要结合本国实际从以下几个方面进行应对。

第一节 中国航运风险治理的法律路径

一、中国航运风险的治理现状

虽然在地理上中国是一个海陆兼备的国家,受"重陆轻海"思想的影响,海洋在历史上仅被视为"兴渔盐之利、行舟楫之便"的工具,对海洋的重要性认识不足,系统经略海洋的观念有待提高。同时,我国的海洋立法、执法还存在诸多不足,对我国维护海上通道安全、控制海上航运风险形成掣肘。

全球化的深入使中国进入"面向海洋"的发展阶段,海权观念和海洋权益的重要性日益凸显,对海洋和海运的法律治理也进入了快车道。自新中国成立以来到改革开放前,我国与海洋及海运相关的立法数量较少,立法层次也较低,具有代表性的法律文件有 1954 年《海港管理暂行条例》、1958 年《中国政府关于领海的声明》、1958 年《进出口船舶联合检查通知》、1964 年《外国籍非军用船舶通过琼州海峡管理规则》等。其中《中国政府关于领海的声明》宣示了中国领海宽度为 12 海里,对明确我国海洋主权具有重要意义。改革开放以来至 21 世纪第一个十年,我国在海洋立法上取得了较大的进展,形成了以宪法为指导,以《领海声明》《领海及毗连区法》《专属经济区和大陆架法》为基础,以《海洋环境保护法》《渔业法》《矿产资源法》《海域使用管理法》《海上交通安全法》《突发事件应对法》等单行法为主体,以海洋行政法规、地方性规章以及相关法律法规中的涉海规定为补充的,与中国参加的与海洋有关的国际条约相协调的海洋法律体系。[①] 自 2010 年来,随着国家海洋权益和战略发展的需要,我国的海洋法制又得到了进一步的充实和发展。《海洋环境保护法》在 2013 年和 2016 年进行了两次修订,2016 年《中华人民共和国深海海底区域资源勘探开发法》及相关管理办法通过,2018 年通过《关于中国海警局行使海上维权执法职权的决定》,2020 年发布《关于海上刑事案件管辖等有关问题的通知》,2021 年《中华人民共和国海警法》通过并实施。

在我国现有涉及调整海上航运风险的法律文件中,《海上交通安全法》调整的是国内沿海水域的海上交通秩序,对本书所提及的海上航运风险问题涉及甚少;2018 年通过《关于中国海警局行使海上维权执法职权的决定》赋予了海警局处理海上违法犯罪的权力;《海警法》规定了海警机构在海上治安管理、海上缉私、海洋生态环境保护、海洋资源开发利用、海洋渔业管理等五个执法领域。可以说,现有对海上航运风险的法律治理分散在不同的法律文件中,一定程度上仍存在着"碎片化"的问题,没有调整海上航运风险及航运安全的专门性法律法规,同时国内立法并未完全将既有的海上航运风险因素纳入其调整范围中,因此加强对海上航运风险的规制是完善我国海洋法律体系的必要举措。

[①] 薛桂芳编著:《〈联合国海洋法公约〉与国家实践》,海洋出版社 2011 年版,第 287 页。

二、完善海上航运风险法律治理的建议

如前所述,当今世界力量格局演变进入多极时代,影响海上秩序和安定的不确定因素不断增加,我国海上航运正面临着传统安全、非传统安全、法律规制不足等多种因素的困扰,已严重影响到我国国家安全利益。在可以预见的一段时期内,我国海上航运秩序的维护将会呈复杂化、长期化的特点,因此加强推进海上航运风险的法律治理是维护我国海上权益的必要选择。2016年9月29日,国家发展和改革委员会发布《关于编制〈全国海洋经济发展规划(2016—2020年)〉建言献策活动的意见反馈》,其中也明确提出要"坚持统筹兼顾原则,深化海洋综合管理。建立健全海洋管理法律法规,尽快完善海域使用管理法、海洋环境保护法、海上交通安全法等法律法规"的要求。对我国海上航运风险的法律治理的完善,可以从以下几个方面着手:

1.立法模式的选择。对于海上航运风险的立法,有三种立法模式可选择:一是对危及我国海上航运安全的行为进行统一调整,以专门式单独立法模式进行调整;二是分散式多元立法模式,即我国对危及海上航运安全的立法不集中于某一单独法律中,而是根据犯罪法律性质的不同分散于不同部门法中;三是复合式立法模式,即我国将危及海上航运秩序的犯罪行为分散在不同但具有一定关联的法律中的立法模式。比如,在拟制定的《海洋基本法》中对危及海上航运的内容作统一规定,同时在其他法律中对相关犯罪进行补充规定。第一种模式的优点在于,制定专门的法律可使对危害海上航运安全行为的调整更具系统性,事实上为了保障海上航运的安全秩序,有的国家如日本也制定过《限制外国军用品等海上运输法案》这样的单行法。采用第二种模式立法比较灵活便捷,但往往会出现"一事一法",缺乏整体性。从实践来看,国际局势的深刻变化使海上通道安全威胁形式更新,这种安全威胁方式的不断变化和立法的滞后性形成了一组矛盾,并且海上通道安全威胁的多样化对不同的社会关系都形成了威胁,其并不是能由单一的一部法律所能全部涵盖的。第三种模式最大的优点在于能够对威胁海上通道安全犯罪的新情况进行及时立法调整,同时又兼具了国内立法的系统性,较好地适应不断演变的海上安全形势。所以综合海上通道安全问题自身的特点、立法技术和法律的可实施性,笔者认为,第三种模式无疑更具有可行性。

2.立法内容的设置。对影响我国海上航运风险的原因进行分析可以发现,除了暴力性的非传统安全因素和对抗性的传统安全因素外,很多问题往往来自与各国对国际条约的理解不一致而造成的冲突。以《联合国海洋法公约》为例,由于政治、科技以及历史的原因该公约的许多规定都不够明确,导致各国对于无害通过权、专属经济

区剩余权利等问题的理解不同,为此在具体问题的适用上产生争议。对于这些未能清晰界定的条款,我国应对其进行合理解释并以国内法的形式予以确定,这样在与他国产生类似冲突时,能以有效力的法律规定予以解决,维护我国的海上通行权利。

3.重要罪名的增设。以海盗犯罪为例,《联合国海洋法公约》对海盗进行了规定,但公约对海盗的规定只有罪名而无刑罚,这种情况下,对公约的执行就落到了国内立法上。然而作为《联合国海洋法公约》的缔约国和海盗犯罪的受害国,我国在国内法上却没有具体条文对海盗行为进行规制。这种情形下增设海盗罪名是很有必要的。同理,从与加入的国际条约相衔接的角度出发,在部门法中可以考虑增设与海上通道安全相关的国际公约中的罪名,如危及海上安全罪、危害大陆架固定平台罪等。同时也可以效仿美国《海上运输反恐法》这类单行立法形式,对相关行为单独立法调整。

三、加强海上维权执法

海上维权执法是维护我国海上航运秩序和海洋权益的重要手段。目前,我国海上维权执法的范围涵盖海上治安管理、海上缉私、海洋资源开发利用、海洋生态环境保护、海洋渔业管理等几个方面。当我国海上航运秩序受到非军事因素的威胁时,需要运用海上行政执法这样的非军事手段来应对日益复杂的海洋安全问题。建设一支高效、强大的海上维权执法力量是维护我国海上航运秩序和安全的重要保障。

(一)加强海洋执法队伍建设

由于历史原因,长期以来我国海上执法力量分散,形成"多部门管理"的局面。在2013年国务院机构改革之前,国家海洋局的中国海监、公安部的边防海警、农业部的中国渔政、海关总署的海上缉私警察等执法队伍各自职能单一,权限不清,执法效能不高,维权能力不足。为推进海上统一执法,提高执法效能,2013年第十二届全国人民代表大会决定将国家海洋局及其中国海监、公安部边防海警、农业部中国渔政、海关总署海上缉私警察四支海上执法力量进行整合,以中国海警局的名义统一履行进行海上维权执法的职责。2018年,第十三届全国人民代表大会常务委员会通过《全国人民代表大会常务委员会关于中国海警局行使海上维权执法职权的决定》,调整组建中国人民武装警察部队海警总队,也称中国海警局。根据《海警法》的规定,海警的主要职责在于维权执法,其中包括海上行政执法、海上犯罪侦查、海上安全保卫、海上武力使用、防卫作战以及国际合作等。

整体来看,我国海上维权执法主体经历了从分散到统一的实践历程,形成了以海警机构为主的维权执法队伍,构成了一个层级较为完整的维权执法体系。但海警机构的有效履职也有赖于其他部门的有效配合,特别是与国务院有关部门、沿海地方政府以及军队相关部门的相互协作,构建一个科学高效的海上执法维权协作机制。

(二)提升海上维权执法能力

中国海上航运风险的治理与国家的海上维权执法能力紧密相关,尤其在航运风险治理方面,需要各方进行合作协调,提升海上维权执法的能力。

首先,建立健全海上维权执法协调配合机制,实现航运风险良性治理。如前所述,海上维权执法是综合性的,涉及多个主体和多项具体内容,需要一个统筹合理、分工科学的协作机制。要形成这一机制在主体上需要各海上维权执法主体加强配合协作,包括国务院各涉海部门、沿海地方政府、军队和海警之间进行协调配合。以海军和海警的协作为例,从1964年成立以来,国家海洋局一直为海军提供技术支持,海军也一直给国家海洋局在海上维权方面提供支持,2009年双方签署合作协议,每年召开一次会议总结合作情况。[①] 在我国重组海上维权执法队伍后,海军也应继续与海警局积极合作,形成海警局在一线进行执法维权,海军在二线进行补充的阶梯状防卫体系。如果海警在执法中一旦出现矛盾升级,出现极端情况,海军则应及时进行增援。海军作为中国海洋执法的后盾,在维护我国主权、海上资源开发以及海域划界等方面将发挥重要的作用。

其次,加强对海上维权执法的业务指导和智力支持。海上维权执法与国内中的执法行为不同,有很强的技术性、专业性,要提升海上维权执法的能力,需要进一步加强与对口部门的联系,及时获取业务上的指导帮助,如公安部门对海上治安管理、海上犯罪案件进行指导,自然资源部对海洋管理执法进行对口指导,外交部对一些外事工作的开展进行指导。此外,海上维权执法还包含许多涉外因素,在执法行动中需要得到国际法上的智力支持,如聘请法律咨询专家、设立专门研究部门或智库等方式,夯实海上维权执法的法律基础,提高海上维权执法的质量。

---

① 《国家海洋局与中国人民解放军海军年度工作座谈会在京召开》,http://www.soa.gov.cn/xw/hyyw_90/201302/t20130219_24003.html,下载日期:2022年3月1日。

第二节　海上航运安全治理的政策路径

在世界海洋竞争日益加剧的背景下,海上航运风险早已成为影响国家和地区战略的重要因素。在对海上航运风险治理的过程中,不仅应重视周边国家行为体的传统威胁,也要更加重视应对海盗、恐怖袭击、自然灾害等非传统威胁。在治理政策的选择上,除坚持外交、法律、经济等多种手段保障海上航运安全外,还要科学预判国际国内战略环境,全局统筹、开发核心竞争力、储备战略力量。

一、实行海上航运安全风险综合管理

海上航运风险的治理需要对海上自然风险和人类活动的相互依存性与复杂性进行整体考量,在尊重海洋的自然规律和海上活动特性的基础上进行全面的、系统的综合管理。而要实现这样的综合管理,首先在制度上需要厘清海上航运风险管理各部门间的职能,解决职能冲突,形成高层协调与部门分工相结合的综合管理体制。在这一方面一些国家已经形成了综合治理的模式,并有了较为丰富的综合治理实践。例如,法国在1978年成立了部际海洋委员会,该部际海洋委员会负责制定法国海洋与航运战略和政策,综合统筹法国海洋与航运事务,制定涉海行动方针。美国有多个涉海政府职能部门,其采用中央与地方分权形式对海洋事务进行管理。2010年美国总统奥巴马宣布成立国家海洋委员会(National Ocean Council)作为海洋事务综合管理的高层决策和协调机制,在国家海洋委员会中专门设立国家海洋委员会指导委员会负责协调和统一海洋委员会职责范围内的优先领域。

随着"海洋整体观念"的深入,中国在2000年以后,涉海事务综合管理也日渐成形,2006年国家"十一五"规划《纲要》、2011年国家"十二五"规划《纲要》都相继正式提出"实施海洋综合管理""加强统筹协调,完善海洋管理体制"。2013年4月,国务院批准的《国家海洋事业发展"十二五"规划》强调要"进一步完善海洋综合管理体制与机制",提出"加强海洋综合管理调控手段"。

目前,中国已建立的海洋综合管理体系主体以涉海行政管理部门为主体,这些部门发挥着不同的作用。2013年我国成立了国家海洋委员会,作为海洋事务综合管理的高层次议事协调机构。在这一机制下多个涉海部门对具体涉海事务实行分头管

理。例如,海事部门通过制定航行规则、设置船舶标准、管理海上交通设施、防止船舶污染等对海上航运进行规制,处理海上航运突发事件和危险,保障航行秩序的正常运行。生态环境部门通过预防、监控等方式对海上环境污染事件进行管理。交通部救助打捞局负责海难事故、人命救助、港口航道除障、溢油清理的处理。交通部水运局管理水上运输以及港口应急处置事务。沿海各地方政府对行政区内海上航运风险因素进行监控、收集和预警。海上搜救工作则主要由中国海上搜救中心统一组织协调,同时我国还建立了由国务院、军队相关部门组成的"国家海上搜救部级联席会议"负责全国海上突发事件的预警、人命救助、重要通航水域清障、海盗事件信息的接收与处理事务。

可以说,我国海洋事务综合管理呈现出管理范围逐渐扩大,管理主体相对集中化的趋势,为进一步促进我国航运风险综合管理提供了有效的平台。未来,我国在涉航运风险的综合管理上,还应继续增强宏观协调能力,优化国家海洋委员会作为统筹协调平台的作用,促进现有各部门间事务管理的职能划分,明确各主体的权利义务,建立有效、科学的海上航运风险综合管理机制。

二、完善海上航运公共服务

海上航运公共服务是海上公共产品的一部分,加强和完善海上航运公共服务,对其进行系统化、多样化建设,是防范海上航运风险的重要手段。从维护国家权益和保障航运秩序的层面来看,加强和完善海上航运公共服务具有丰富的内涵。在硬件方面,海上航运公共服务有赖于先进多元的航运技术支持和良好的航运基础设施为来往船只提供高质量航运服务;而在制度性航运公共产品供给方面,应在与国家战略利益相一致的前提下,建立相关的航运政策措施、港航法律制度、统一的港航物流标准等,促进涉航运的组织、会议、机制等制度的建立和机制层次的提升,使其能够充分发挥海上航运秩序稳定器的效用。

结合中国航运安全的发展现状,加强和完善海上航运公共服务是必然的选择,这需要从以下几个方面加强建设。

(一)丰富海上航运公共产品供给

海上航运公共产品供给的重要目的就是保障航运安全,实现航运秩序的良性运转。在现实中,因自然因素带来的航运风险对海上航运安全影响甚大,比如海洋气象灾害会造成恶劣海况,导致船舶倾覆、航线中断、港航设施破坏,据统计,2006—2015年,全球因海上热带气旋带来的直接经济损失高达550亿美元。①

控制海上航运风险,首先应当对自然因素带来的风险进行防范,增加与海上航运相关的海洋科技类公共产品的供给,包括海上气象预报、海洋航道测量等。其次,丰富与海上基础设施建设相关的航运公共产品,进一步提升港口硬件设施的先进性和智能化水平。

(二)提升海上航运公共产品的技术水平

海上航运公共产品供给的重要目的是保障船舶在海上航行中的正常秩序和安全。随着现代航行技术的不断发展,船舶配置日渐智能化,海上航运公共产品的技术水平也需要进一步提升。例如,在海洋基础设施、海洋信息监控、船舶救助等多个方面,海上公共产品都有较大的提升空间。

以船舶引航为例,随着船舶大型化、智能化和航道拥堵状况的不断发生,船舶引航自20世纪80年代以来依赖于港口引航信息系统来进行引航指令,实现船舶有序的进出港。但在现实中,由于技术或历史原因,各个港口采用不同标准的海图数据、没有及时更新海图数据等,给港口管理和引航工作带来了巨大的安全隐患,极易引发航行安全事故。这需要在政策上鼓励智慧港口的建设,从技术更新、设施升级、统一标准等各方面入手,建立智能化、现代化、标准化的一整套集航运管理监控、信息监控、航道监控、海洋水文监控等为一体的航行公共产品系统,产品系统为保障我国海上航运安全提供海上助航公共产品。

(三)促进港航政策与法律机制的完善

值得注意的是,我国海上航运风险治理的政策措施应该是综合与多元的,从船舶航行、海运基础设施建设以及港航政策法律规制等多层面进行保障。海上航运风险治理涉及双边及多边条约的具体实施、涉及航运和海洋利益相关的风险等诸多问题。目前,我国涉及航运安全的政策规制、法律机制等制度性产品数量不足、层次略低。为此,有必要积极发挥政策能动性,加强法律制度性产品的供给,包括国内港口制度、通关便利化、多式联运、港口国监管等法律规则的构建与完善,为在海上航行风险方

---

① 白祖成:《信息不完备与知识不确定条件下风险评估与决策支持研究及其海上战略支点应用示范》,国防科技大学2018年博士论文。

面可能出现的法律及政策风险进行控制,提供保障。

三、加强海上航运关键节点的保障

目前,中国拥有通达全球各地区的数十条远洋航线,中资航运企业和中国籍船员在海上航行中的合法权利需要得到切实维护。无论从经略"21世纪海上丝路"还是维护航运良性发展的角度来看,为适应远洋航运和维护海上利益的现实需求,可以考虑在海上航运的关键节点采取与海上航运风险保障相关的措施。

(一)加强远洋航运关键节点保障的必要性

为了适应中国海上航运的不断进步,适应远洋航运发展等多重需求,可以考虑打造海上战略关键节点,保障我国远洋航运的安全。

首先,利于完善海上综合补给。海上综合补给主要是指利用补给设施对远洋航行的船舶实施平时物资及油料补充、提供人员休整、设备靠泊修理等服务在内的海上活动。远洋航运的补给主要依靠两种方式:一是依靠固定港口进行补给,二是依靠特定补给船舶随行进行补给。对于绝大部分远洋航行船舶而言第一种补给形式是主要的补给方式。加强海上战略节点,有助于通过加强与重要航路沿线港口的合作,在尊重彼此主权、平等互利、友好协商的基础上,在重要沿线港口建立海外补给点,将对稳定航路安全有着重要的作用。

其次,给予我国远洋舰船必要的航运援助。目前我国远洋航运中船舶普遍面临无固定补给点、无大型装备修理中心等问题,同时对于军用舰船来说还存在缺乏固定休整地、缺少固定翼飞机支援的情况。这些情形束缚了我国舰船远洋航行的长期发展,要改变这一困境,只有通过加强海上航运保障的关键节点这一途径加以解决。

最后,利于提升我国海上航行的整体能力,扩大国际影响力。加强远洋航运保障关键节点的建设,能为海上航行提供补给保障,提高续航能力,进一步拓展我国海上战略延伸线。同时,加强远洋航运保障关键节点建设也意味着加强与航线国家之间的交流与合作,这对维护我国同相关国家的共同利益,促进互利共生,培育共同安全共识,通过海外支撑点的建设提高国家间合作的外溢性具有重要意义。

(二)建设海上航运关键节点的方式

结合已有实践来看,目前建设海上航运关键节点主要通过以下方式进行:

1.以商业协议的方式取得海外港口的使用权以便利航运保障。在实践中,普遍存在通过商业合作的途径获取海外港口使用权的情况,这种方式具有灵活性、效益性、稳定性、便于操作等特点。根据海上航运关键节点的战略规划以及协议内容的不同,合作方式可以包括短期协议、中期协议以及长期协议。短期协议通常是在因突发性事件等需要在一段时间临时使用某一国家和地区的设施设备而签订的协议。中期协议,则主要为打击海盗、海上恐怖活动等需要为远海执行任务提供船舶补给、固定翼侦察机起降与人员休整而签订的时间较长的协议。长期协议,是指国家与国家之间,或国家与外国法人与个人之间签订的,在公共设施利用、大型船舰武器装修、提供完整的补给等方面设定权利义务关系的长期协议。

在实际操作中获得港口使用权通常使用两种方式:一是港口租赁,港口租赁是常见的港口使用权取得形式。一般来说,长期的港口租赁可以便利一国在海外港口构建稳定的航运支撑点,减少在该航路上的航运风险,有助于推动一国海外航运贸易的开展。2015年,中国以5.06亿澳元对价与澳大利亚政府签订了澳大利亚达尔文港99年的租赁协议。二是投资建设海外远洋港口。随着全球化的深入,中国远洋航线遍及世界,"21世纪海上丝绸之路"沿线涉及多个重要海运,在这些重要海域和节点直接投资建设海外远洋港口可以为军民船舶进行必要补给,促进贸易发展,切实保障我国海上交通线的安全。中国在世界多个港口进行直接或间接投资,例如在印度洋海域中国在缅甸、斯里兰卡、巴基斯坦等国先后投资了多个重要港口项目。2007年开始,中国援建汉班托塔港,2012年港口开始运营,2017年,中国招商局控股港口有限公司购得汉班托塔港70%的股权和港口的经营管理权,建成后的汉班托塔港拥有8个10万吨级码头,离国际主航线仅10海里,[①]有望在印度洋航路为我国提供有力的航运公共产品支撑。

2.通过国际通行惯例取得。国际通行惯例是在国际交往中长期形成的通行做法,一般包括国际外交惯例与国际商业惯例。国际通行惯例具有通用性、稳定性、效益性、重复性等特点。对于各国军用船舶而言,在遵守国际法和沿岸国国内法的前提

[①] 《中国如何令斯里兰卡将汉班托塔港拱手相让》,载《纽约时报》2018年6月26日,https://www.nytimes.com > world > asia > china-sri-lanka-port-hans,下载日期:2022年6月26日。

下,根据国际通行惯例,双方在事先通过外交途径协商之后,一国军用船舰可以到对方国家港口进行补给、休整等技术性停靠。一些重点航线上的港口往往成为各国船舰停靠补给的重要港口,如吉布提的吉布港、也门的亚丁港等。在实践中,各国海军舰船经常到其他国家港口进行停靠补给,以中国为例,2019年中国海军第32批护航编队的安阳舰在阿曼萨拉拉港进行常规补给、第33批护航编队的潍坊舰在肯尼亚蒙巴萨港进行技术性停靠补给。①

第三节　参与海上航运安全治理的国际合作

如前文所述,影响海上航行的因素复杂多样,以一国之力维持海上航运的安全是不现实的。由于各国对于打击海上不安定因素,实现海上航运安全有着共同的利益诉求,从海洋大国的实践来看,通过合作提供统一的公共安全产品,建立制度化的合作机制无疑是现阶段实现海上航运安全的最优途径,也能最大限度地顾及各国的利益。

一、构建海上航运安全合作机制的意义

如前文所述,国际海运面临的各种安全挑战已成为催生国家和地区间构建法律合作机制的内在动因,中国参与构建国际海运安全法律合作机制的意义主要体现在以下几个方面。

首先,参与海上航运安全合作符合中国维护国家海上利益的要求。作为海运大国,中国对海上通道的依赖已成为一个基本事实和趋势,我国通往世界各主要国家的海上通道航线距离长、分布范围广、途经地区局势复杂,以中国现有的海上力量难以独立维护和确保这些海上通道的安全。作为联合国安理会常任理事国和国际海事组织A类理事国,我国对国际航运和海上通道合作事务的影响力日渐增强,这是我国参与海上通道安全国际合作的有利条件。

其次,构建海上航运国际安全合作机制能有效应对海上安全挑战。不管是作为

---

① 《中国海军第33批护航编队潍坊舰技术停靠肯尼亚蒙巴萨港》,http://www.81.cn/jfjb-map/content/2019-12/09/content_249507.htm,下载日期:2022年10月7日。

非传统安全因素存在的海盗、海上恐怖主义行为还是作为传统安全因素的军事威胁、主权争议等,它们都从不同的方面构成对全球海上航运安全的危害。这些危害以偶然事件或渐进式的方式影响着包括个人、国家、地区乃至世界为架构的多元主体。所以这些问题的解决不是单一一个国家能独立完成的,而需要世界各个国家相互合作,在全球治理的框架下完成。

再次,相关国际立法的碎片化要求建立协调的海上航运安全合作机制。航运安全是一个涉及国际政治、航行技术、地缘战略等方面的多元化安全命题。目前,国际社会调整海上航运安全的合作机制众多。这些合作机制调整的立法内容碎片化,合作的层次多元化。现有合作机制中有专门针对海上恐怖主义行为和海盗等非传统安全威胁的条约,有涉及军事合作的传统安全协议,也有调整统一航行技术标准的国际规范,这些内容分散在各个国际公约、多边条约中。这些公约、条约对维护国际海运安全、调整海运秩序发挥了很大的作用,但同时也存在着诸多问题。比如条约制定主体不同、条约内容规定不一致导致适用上的多重标准和任意性,因此更需要一个协调一致的合作机制实现合作功能的整合,拓宽合作的范围。

最后,构建海上航运安全合作机制有利于整合已有力量在全球范围内的配置。自 20 世纪以来,全球化的不断深入虽然使威胁海上通道的不安全因素在全球范围内扩散,但也应看到全球化也为建立国际合作机制提供了一个良好的平台。其原因在于各国在其经济、科技、制度层面发展各有优势,在解决具体问题上各国可根据自身情况提供经济、技术、人力等不同方面的支持以实现问题的最优处理。构建海上航运安全合作机制有利于整合已有力量在全球范围内的配置。

按照影响海上航运安全的因素不同,现有安全合作机制可以分为下列两种:

(一)应对传统安全威胁的安全合作机制

在影响安全的因素中,地缘政治、大国角力是难以回避的因素。海上航运以及其所依赖的海上通道特殊的战略意义使其成为全球大国战略布局的关键和区域国家政治利益的敏感地带,国家间构建的多边合作与双边协作机制在应对传统安全问题上发挥了重要的作用。在相关的多边合作机制中,东盟地区论坛①(简称 ARF)具有一定的代表性,在 ARF 框架下亚太国家加强了军事领域的合作,如 ARF 在北京、万象举办的军事安全政策对话机制。而在双边协作方面,美国与苏联于 1972 年签订的

---

① 东盟地区论坛的核心机制是每年 7 月召开的年度外交部长会议和每年 5 月召开的高官会议,在没有常设机构的情况下,由东盟地区论坛的轮值主席国来组织年度论坛会议。

《关于防止公海水面和上空意外事件的协定》(简称 INCSEA)是较有代表性的调整海上军事活动的双边协议。该协议规定了美国与苏联的海上军事力量和平时期在公海上相遇和对峙的具体行动规范,在遵守"国际海上避碰规则"等国际习惯法的基础上,该协议明确了舰船及飞机的海上演习、海上紧急行动等各方面的行为准则。① 从实践效果来看,INCSEA 协定有效地平衡了当时世界两极大国在海上的军事行为,对维持世界海洋秩序的和平与安全起到了积极作用。1998 年中美两国也签订了《关于建立加强海上军事磋商机制的协定》(Military Maritime Consultative Agreement,MMCA),这一双边协定意在通过商讨中美两国舰艇和飞机的海上活动议题提升双方军事互信合作,维护海上的航行安全。但不足的是,这一协议还只是一个原则性协定,其行为规范的具体规定尚待完善与细化。2014 年通过的《海上意外相遇规则》对海军舰船和空中军事力量在意外相遇时,对双方相遇的通信程序、机动智能等作了规定,该规则可以看作是在 INCSEA 基础上升级而成的。这一规则对减少误判、管控海上碰撞及干扰,有效控制海上危机形成,维护海上安全有着积极的作用。

涉及传统安全、地缘政治范畴内的国际安全合作往往伴随着大国的军事介入,并且多以多国军事演习、联合防务的形式出现。在多国军事演习合作方面,以印度洋—马六甲航线所在的东南亚为例,较为成功的范例有 1971 年,新加坡、马来西亚与英国、澳大利亚和新西兰签署了"五国防务协定"(FPDA),该协定以定期的海陆军事演习和空军演习来维护马六甲海域的安全。而自"9·11"事件后,美国将东南亚视为"潜在基地组织中心",并以"防扩散安全倡议"为借口介入马六甲周边安全事务。② 同时,美国提出促进以美国为代表的多国海军进驻马六甲的"千舰海军"计划,打着反恐旗号意在介入马六甲防务,这一计划最后因沿岸国出于国家主权担忧未予实行。在联合防务机制方面,2005 年新加坡、马来西亚、印尼及泰国就已经开展了"空中之眼"的空中联合巡航计划。这一计划的实施,意在进一步确保马六甲海峡不受恐怖主义和海盗的威胁。此外,在"马六甲海峡和新加坡海峡安全会议"上新加坡、马来西亚、印尼三国通过了一份"雅加达声明",称新、马、印三个沿岸国将设立一个机制与海峡使用国及利益伙伴定期会商,确保航道安全。但这一机制因沿岸国与使用国间因主权和权利义务分配问题还未能得以正式建立。可见,国家主权问题是影响国家间应对地缘政治因素影响的防务合作机制的主导原因。

---

① http://www.state.gov/t/isn/4791.htm,下载日期:2022 年 5 月 27 日。
② 2005 年美、英、法、德、日等 13 个国家在南海举行代号为"纵深军刀"的联合军事演习。

(二)应对非传统安全威胁的安全合作机制

相较于传统安全威胁领域内的合作,目前各国针对海上航运风险治理所建立的国际合作机制仍主要集中在应对非传统安全威胁的领域。相关的国际合作主要从三个层次上展开:一是全球安全合作机制,二是区域性合作机制,三是双边合作机制。

1.全球安全合作机制。这一合作机制是指各国依托全球性国际组织这一平台,参与到国际公约和全球范围的合作协议当中,履行国际义务,承担国际责任,并以全球整体安全为目标的合作治理方式。非传统安全威胁是对世界整体利益的挑战,在海上通道安全这一问题上全球安全合作机制主要从两个层次面上展开。

一是依托以联合国为平台的全球合作机制。联合国是世界上最具权威性的国际组织,也是协调各国惩治海上各种非传统安全威胁的中心枢纽。以联合国为主导的全球合作机制主要表现在以联合国为主导缔结的国际公约——《联合国海洋法公约》。《联合国海洋法公约》是现代海洋法体系中的重要支柱,其为各缔约国进行各种海洋活动提供了法律基础和行为规范。在应对非传统安全上,《联合国海洋法公约》作了相关的规定,如在打击海盗问题上,《联合国海洋法公约》第100条至第105条对惩治海盗行为作了统一的规定,[①]不仅明确了各国具有合作制止海盗行为的义务[②],还规定了海盗行为的定义,为世界各国及国际组织协作打击海盗行为提供了法律基础。此外在应对海上非传统安全中,各国以联合国为主导,就海事非传统安全问题开展积极的对话与合作,如联合国大会的授权与决议为各国共同打击海上非传统安全威胁提供了国际法依据。[③]

二是依托联合国以外的其他全球性国际组织为平台的国际合作机制。在海上通道安全领域,全球性国际组织特别是以国际海事组织、国际海事局等为代表的专门国际组织制定了一系列关于应对海上航道非传统安全威胁的国际条约,如《国际海上人命安全公约》《1988年制止危及海上安全非法行为公约》等。同时,这些国际组织还建立了有关海上安全的全球性信息分享机制和专门机构以打击海上非传统安全,例

[①] 《联合国海洋法公约》第100条:"所有国家应尽最大可能进行合作,以制止在公海上或在任何国家管辖范围以外的任何其他地方的海盗行为。"

[②] 有观点认为《联合国海洋法公约》第100条的规定虽然提出了各国负有合作打击海盗的普遍性义务,但该规定没有规定具体的责任,强制力不足。LCDR Jon D. Peppetti, JAGC, USN, Building the Global Maritime Security Network: A Multinational Legal Structure to Combat Transnational Threats, *Naval Law Review*, 2008, Vol.55, p.73.

[③] 联合国安理会第1816号、第1838号、第1846号决议为各国联合打击索马里海盗提供了国际法上的依据。

如,1992年国际海事局成立了海盗事件报告中心,该中心设在马来西亚吉隆坡,并对世界主要航道的海盗活动频繁区进行24小时监视,并向当地执法部门报告海盗袭击事件。2009年在国际海事组织倡导下西印度洋、亚丁湾及红海沿岸国家签署了《关于打击西印度洋和亚丁湾海盗及武装抢劫船舶的吉布提行为守则》,该规则设立了信息共享中心共享有关海盗的信息。可以说,这些全球性国际组织在完善国际海上航行安全法律体系和国际合作的组织体系方面发挥了重要的作用。

2. 区域性合作机制。地区性合作机制在应对海上通道的非传统安全威胁方面同样发挥了显著的作用。这种区域性合作主要以区域性组织为载体,各国在此基础上进行具体事务上的合作,共同应对特定区域的海运安全。以与中国海运安全关系最密切的亚太地区为例,由于亚太地区政治、经济互动紧密,经过多年实践发展已逐步形成了较为完善、层次多样的区域安全合作机制,其中,主要的安全合作机制分为几个层面展开。第一是通过官方性质的对话机制展开安全合作,东盟地区论坛就是这一机制的代表。① 第二是民间性质的安全合作机制,如亚太安全合作理事会,②其主要功能在于通过非官方论坛的形式讨论共同关心的安全问题,为亚太国家和地区提供一个建立信任的安全合作架构。

在应对海上通道非传统安全威胁的多边机制中,较成功的范例是马六甲地区的反海盗区域合作制度。2004年包括新加坡、马来西亚、印度尼西亚在内的16个亚洲国家签订了《亚洲地区政府间反海盗合作协定》,该协定就亚洲特别是马六甲海域的情势作出具有针对性的安全合作机制安排。它是继《联合国海洋法公约》签署以来第一个专门打击海盗和武装抢劫船舶的多边协议。此外,2007年,马六甲与新加坡海峡沿岸的新加坡、马来西亚和印度尼西亚三国已达成维护航行安全及保护海峡环境合作机制,成为世界首个为航道安保、航行安全及环保而设立的多国合作框架。这些区域性的合作机制的建立在打击海上非传统安全活动,维护海上通道安全中起到了

---

① 近年来,东盟地区论坛在对涉及非传统安全议题,包括反恐、禁毒、救灾、防止大规模杀伤性武器扩散、警务和刑侦、防止疾病扩散等诸项议程上进行了广泛的合作。在2004年和2005年的第三次和第四次香格里拉对话中,非传统安全合作中的海上安全合作也成为各方普遍关注的问题。特别是马六甲海峡沿岸国围绕此问题进行了广泛、深入的探讨并已经开展了富有成效的合作。

② 亚太安全理事会在1993年设立"海洋安全合作工作小组",提出关于"海事"合作的相关建议,合作范围包括:海事安全及防卫;海上监测与情报共享;海上运输及交通,海岸发展及管理;海上紧急救助等。同时还提出"区域海事合作纲领",内容包括:指定区域海事普遍性原则,逐步建立以海洋法为基础的海洋管理体制;推动建立稳健的海事体系;在亚太地区适用综合安全概念等。参见中国现代国际关系研究院海上运输通道安全课题组编著:《海上运输通道安全与国际合作》,时事出版社2005年版,第375页。

示范效应,并且促进了区域各国对合作机制的制度认同,为促使各国开展进一步的合作起到了良好的带动作用。

3.双边合作机制。双边合作机制主要是通过双边协议的方式建立起来的,其优势在于灵活性与便利性,因双边条约的缔约方为两方,因此较全球性合作机制和多边合作机制而言,双边条约更容易协调彼此之间的利益。在双边合作互动中,合作双方就关于国家主权的问题也更容易达成一致的认识。由于双边条约中缔约主体较为单一,缔约目的也较为统一,因此,双边合作机制是世界各国较为多见也易于付诸实施的合作方式。例如,中国与东盟发表并签署了《关于非传统安全领域合作宣言》《非传统安全领域合作谅解备忘录》。在援助海上设施建设、海上突发灾害救助、联合巡逻等非敏感领域的海上安全事务方面,中国也进行了一系列的双边合作,如中国与马来西亚正式签署的《中国与马来西亚海上合作谅解备忘录》,内容主要涉及马六甲海峡海运海事、隧道航运、安全救援、行业协会等内容,以及中国与越南成立的北部湾联合巡逻办公室,迄今已在北部湾进行多次联合巡逻。这些双边合作机制的建立不仅有利于各国建立良好的双边海上利益关系,还能更好地促使各国共同应对海上通道安全问题。

(三)现有合作机制的特点及其局限性

通过对海上航运安全风险治理合作机制的梳理,可以得出现有合作机制具有如下特点:

第一,机制数量多、涉及范围广。这一特点是由远洋自身的特点所决定的,海上通道安全是一个涉及政治、军事、经济、航行技术的多元性问题。进行海上通道的安全合作必然牵涉多个调整对象和内容。

第二,安全合作中非传统安全的合作受制于传统安全合作。在前文中,安全合作机制按传统安全威胁和非传统安全威胁分为两类。从现有合作机制的实践来看,实际上在一些非传统安全领域的多边或双边合作已经取得了很好的效果,如在海洋反恐合作、环保合作、海洋助航设置建设等方面,但是在真正涉及战略层面的深入合作远未如人意。造成这一现象的原因在于,非传统安全问题的彻底解决仍需建立在一个稳定平衡的传统安全结构之上。如果没有国家间基于传统安全的平衡和战略互信,非传统安全合作机制的实施将会受到限制。

不可否认,航运安全的国际合作机制在维护海运秩序方面发挥了积极的作用,同时也存在着以下不足:

第一,在全球合作机制中,缺乏专门性的国际条约。由于海上航运安全问题涉及面广,不仅要考虑到传统与非传统安全因素的影响,也要考虑到在技术层面上的跟进,例如制定科学统一的航道通行与维护标准。这些就需要相关国际组织,如国际海道测量组织、国际海事组织等通力协作促进统一的相关国际条约出台。

第二,在多边合作机制特别是区域合作机制的实践中,国家主权问题凸显。由于远洋航行安全不可避免地受到地缘政治因素的影响,相关的合作机制容易因国家利益(特别是国家主权)纷争而难以为继。如何处理国家主权与国际安全合作的关系是建立健全海上通道合作机制所需要解决的问题。

第三,在现有国际合作机制中,很大一部分合作机制缺乏有效的实施监督机制。比如亚太合作安全理事会(CSCCAP)和东盟地区论坛很大程度上只是一个对话与协商的机构,并没有强制约束力。

二、全球治理理论对完善航运安全合作机制的要求

20世纪90年代,随着冷战的结束,全球化时代到来,各种全球性问题的解决已经突破单一国家的界限和范围,需要国家和各非国家行为体共同作用,"全球治理"理论便应运而生。[1] 所谓全球治理是指国际社会各行为体通过具有约束力的国际规制解决全球性公共事务以建立或维持正常的国际政治经济秩序。[2] 一般认为,全球治理的要素有五个,分别为:全球治理的价值、全球治理的规制、全球治理的主体或基本单元、全球治理的对象或客体,以及全球治理的结果。

(一)"全球治理"的主体与现有安全合作机制中主权问题的协调

全球治理理论强调国家与国际社会各行为体共同协作管理全球公共事务。可见,全球治理的中心主体为国家和其他非国家国际行为体,二者互为依托,相辅相成。因此,对现有安全合作机制中国家主权问题的协调,应把握好这一关系。

一方面,确立国家和国家主权的中心地位。全球治理反对单纯依靠国家以强制力解决问题的传统方式,如沿岸国以国家利益为由将国际海峡霸权化,但全球治理理论也并不认同以"去国家化"的方式解决问题。海上主权是国家主权的重要组成部

---

[1] Armin von Bogdandy, Philipp Dann, Matthias Goldmann, Developing the Publicness of Public International Law: Towards a Legal Framework for Global Governance Activities, *German Law Journal*, 2008, Vol.9, p.1379.

[2] 俞可平:《全球治理引论》,载《马克思主义与现实》2002年第1期。

分,海上航运必然涉及一国的海洋权益,特别是在多国共同享有主权的海峡上进行海上联合军演、建立海上安全信息共享机制等问题上,国家主权应得到强调与尊重。

另一方面,在国家主权原则下,海上航运安全的相关合作机制建立需要各国相互谅解,对国家主权进行适当限制。随着全球化的深入,各国相互依存的程度加深,加之国际组织的兴起,国际合作成为促进双赢、维护安全、解决问题的必要渠道。特别是在海上通道安全合作领域,国际合作不可避免地需要对国家主权作出一定的限制,国家主权在此情况下可以作出有层次的让渡。这种让渡是建立在对国家主权的分割上的,即国家主权可分为"核心主权"与"非核心主权"。核心主权主要指一个国家的最高权威,如领土主权、司法主权等,是不能让渡的绝对权力。而非核心主权是指在核心主权之外体现国家主权相对性的那一部分主权,如管辖、信息分享等,一国在不影响其核心主权时可以自愿批准让渡。因此安全合作机制完全可以在尊重各国核心主权的前提下,通过协商合作的方式展开。

(二)全球治理的规制(global regime)要求合作机制各方明确其权责

全球治理的规制是指维护国际社会良好秩序的具有法律责任的制度性安排,其在全球治理中处于核心地位。目前就已达成全球规制的议题来看,多为功能层面的治理议题,如反恐、能源、气候等,海上航运安全合作也属于这一范畴。在全球规制中,最核心的一点就是"责任性",它是指全球治理主体在全球规制制度中履行一定的职能和义务。要实现全球治理善治的目的就要求运用法律手段明确各参与方的权责,并付诸实施。

诚然,目前相当数量正在实施的次区域及区域范围内的双边和多边条约对海上航运安全这一问题进行规制。而在全球治理范围内,更好地对海上航运安全进行全球性的规制,需要从两个方面对现有机制加以完善。首先,在合作各参与方的权利义务分配上,应遵循全球治理"善治"之标准。[①] 安全合作机制应当是各参与方相互尊重、依照国际法准则而建立起来的。在权利条款分配中,应遵循透明性原则,确保各参与方在信息获取、发言权利、表决机制等方面的平等,防止部分国家以霸权方式操纵谈判,形成小利益集团,损害各参与方公平参加全球公共事务管理的权利。其次,在海上航运安全合作各参与方的责任承担上,应该有一个明确的责任制度设计。这一责任制度的设计应充分考虑三个因素:一是责任的主体,二是设定责任,三是责任

---

① 全球治理理论下"善治"的基本要素有10个,包括合法性、法治、透明性、回应性、责任性、有效性、参与、稳定、廉洁、公正。俞可平:《全球治理引论》,载《马克思主义与现实》2002年第1期。

的承担方式。只有明确了权利义务分配和责任的承担,才能构建一个参与有度、实施有效、责任明确的全球安全合作机制。

三、中国参与全球海上航运安全合作的建议

面对地缘政治因素的制约以及非传统安全的威胁,中国独立保障海运安全的能力还需要进一步加强,目前我国应依靠国际社会的力量,联合利益相关国家,进行多边合作,共建责任清晰、权利义务分配合理的海上航运安全合作机制。

(一)中国参与海上航运安全合作应遵循的国际法原则

首先,坚持国家主权原则,参与海上航运安全合作。国家主权原则是我国参与任何国际合作机制时均应遵循的首要原则。按照传统的观点,国家主权意味着主权国家对内对外享有最高的政治权威,在其领域内专属行使合法权力。在参与海上通道安全国际合作机制时各国应在平等主权原则之上进行合作与协商。各国均享有同等的话语权、规则制定权和信息知悉权,不能允许一国或少数几国主导话语权的情况出现。此外,在设立具体合作方式时,要充分尊重各国主权完整,任何国家或组织在对一国境内的安全威胁活动进行合作打击时应征得合作国同意后才能进行。

其次,以国际合作为原则,明确权利分配和责任承担。国际合作原则是指为了维护国际和平与安全、增进国际经济安定与进步以及各国的福利,各国不论在政治、经济及社会制度上有何差异,都应在政治、经济、文化及科技等方面彼此合作。[1] 在构建全球合作机制中,中国一方面应积极寻求并达成一致的海上航运安全观,另一方面在海上安全具体合作机制的建构中中国应积极配合、加强与其他参与方的互动。

最后,善意履行国际义务,回应全球治理要求。各国展开国际合作的基础在于善意履行国际义务原则。善意履行国际义务原则源于古老的国际习惯法规则"条约必须信守"。"条约必须信守原则"指一个合法缔结的条约,在其有效期间,当事国有依约善意履行的义务,这是条约法上最重要的原则。[2] 由于国际法上不存在强制机构

---

[1] 杨泽伟:《国际法》,高等教育出版社2007年版,第25页。
[2] 李浩培:《条约法概论》,法律出版社1987年版,第63页。

执行相关国际公约与规则,善意履行国际义务原则就成为维护国际法律秩序,促进并保证国际关系正常发展的重要原则。在应对影响海上航运安全的各种威胁时,各国展开合作的基础就是缔结的相关国际公约或条约。合作各方应积极履行合作机制的内容,"对相关条约不予履行,则当事国应承担相应的国际责任"[①]。以中国为例,我国地处东北亚,出海通道较少,是诸多国际海峡的使用方,因此在海运安全合作框架下应积极履行使用方应尽的义务,维护航线畅通。

(二)中国参与建立海上通道安全合作机制的几点建议

1.灵活选择安全合作机制,搭建世界海运安全合作新框架

海上航运与通行安全是我国重要的海洋利益,维护这一海上利益就需要我国积极参与相关事务的国际合作。目前在海运安全合作领域有全球合作机制、区域协作机制以及双边协调机制三种合作方式。可以有策略地、灵活地选择相关合作方式,以保证我国海上航运安全得到最大化的保护。首先,以联合国为主导的全球合作机制是全球范围内参与最广泛的合作机制。在这个机制下进行了卓有成效的维护全球海运安全的合作实践,如打击索马里海盗、多国联合护航等,同时安理会第1816号决议对海盗行为的管辖作了相应的扩展。在"以规则为导向"的现有国际法体系中,我国应当高度重视联合国合作机制下相关决议的形成,在海上航运安全全球规制仍需进一步加强的现状下,我国要充分发挥作为安理会常任理事国的能动性,积极促成相关国际法治规则的制定,例如反对将海峡和航道军事化,抵制有关国家追求"海上霸权"而制定的规则。其次,我国要有条件、有选择地参与区域协作机制,积极维护国家利益。区域协作机制是多个国家为实现共同军事、政治或经济目标对相互间利益进行协调而达成的协作机制。目前,我国是世界上最大的发展中国家,也是区域大国,在区域协作机制的制定和合作中要维护自身的话语权和国家主权,同时也要注意联合区域协作机制中的其他发展中国家,合力发展平等合作的区域协作机制。最后,在双边合作机制中,我国应在不违反国际法原则的基础上,与利益相关国家在国际法框架内进行相互信任和尊重的合作,以实现双边协作机制的有效运作。例如,2012年3月,我国与印尼签署了《海上合作谅解备忘录》,成立中国印尼海上合作委员会,设立中国印尼海上合作基金。2014年10月6日,中国与印尼海上安全协调机构在雅加

[①] 1950年,国际法院关于"保、匈、罗和平条约解释案"所发表的咨询意见宣称:三国政府负有法律义务,履行和平条约中关于解决争端的条款,并指出,拒不执行条约义务将引起国际责任。在法院发表咨询意见后,联合国大会于1950年11月3日通过决议,谴责三国政府故意拒绝履行其条约义务的行为。李浩培:《条约法概论》,法律出版社1987年版,第330页。

达签署《中国国家航天局与印尼海上安全协调机构关于印尼遥感地面站项目合作的谅解备忘录》。①

2.积极开展与沿岸国的合作,共建海运安全共同体

从地缘角度出发,海上运输的出口国、进口国与沿岸国共同构成了海上航运中相互关联的主体,同时国家间的地缘战略利益也深刻影响航运安全合作。在这一结构中,中国要在共同利益范围内加强与重要航道沿岸国之间的交流合作,积极参与建立与重要航道沿岸国的海上安全协作和安全磋商对话机制。对于既有的主权争端,我国应坚持国家主权原则,本着友好协商的态度进行对话。在相关区域安全合作机制的制定中争取和实现我国的海上利益,同时也要注意不损害他国合法利益,实现双赢之目的。

3.维护法定通行权利,保障中国海上航行安全

《联合国海洋法公约》作为"海洋宪法"得到了国际社会的广泛承认。《联合国海洋法公约》明确规定了在国际海峡中,缔约国拥有航行自由的权利。作为缔约国,中国要充分利用公约的规定,运用国际法解决争端,积极维护自身的通行权利。

4.积极与沿岸国建立战略互信,为海上通道安全寻找战略支撑

维护我国海上通道安全离不开海军力量的建设,我国远洋运输船队往来于世界150多个国家和地区,航线长、运输风险巨大。而目前我国海上防务的重点是以近海防御为主,难以保障远洋航线的安全。因此,要真正实现海上航运安全,需要我国积极构建与他国,特别是重要航线途经国家的战略互信机制,在战略互信的前提下在相关国家和地区以修建或租用的形式建立稳定的海上战略支撑点,为海上运输远洋航线提供有力的补给和支持。

5.区别对待争议,减少海上通道安全合作障碍

目前,中国同周边各国存在着多种海洋主权争端,这对我国的海上航行安全构成了潜在的不利影响。一方面,岛屿主权和海洋划界存在的争议容易引发不必要的海上紧张局势。另一方面,域外大国在中国周边海域的战略扩张,也在一定程度上影响了我国的海上安全。在这样的背景下,我国需要与争议国取得共识,区别对待海洋争议,将主权争端与海上航行安全问题区分开来对待,减少因主权争议而带来的安全合作障碍。

---

① 《中国印尼发表声明同意落实两国军队联演联训》,http://mil.huanqiu.com/china/2012-03/2556113.html,下载日期:2023年10月18日。

结　语

　　本书所探讨的海上航运安全法律问题是一个既老又新的问题。一方面是因为海上航运安全自古以来就深受海盗、战争等因素的影响,至今未变;另一方面是因为随着经济、社会、法律的发展,海运安全作为"国际公共产品"受到现行国际海洋法的调整。但由于法律的原则性与滞后性,不断涌现的新兴安全问题威胁海上航行和海上通道的畅通或导致潜在的安全隐患。因此,海上航运安全在世界格局深刻变化的当下就成为影响国际海洋秩序安定和各国海上安全的"新"问题。当今国际安全问题呈广泛化、复杂化的趋势,这意味着海上航运所面临的安全挑战也更为多样化,涉及的范围也更加宽广。目前学界对于海上航运安全以及与之相近的概念尚未形成统一的认识,本书从广义安全的角度出发,认为海上航运的安全指海上航运不受威胁、不出事故的安全状态,它既包含了个体与国家对海上安全的战略管控能力,也包括维护国际航运通畅、保证合法航行权利不受侵犯以及享有必要的通行便利等在内的制度安全建设的要求。在此基础上,无论沿岸国还是使用国都要依据国际法规范行使合法的航行权利,保证海上通行的有序进行和良好的海上航行秩序,这是构成海上航运安全的权利基础。而具体到其所面临的具体安全问题,世界海上航线及海上通道数以百计,影响其安全的政治地理因素各不相同,要在一个研究中穷尽所有具体问题并进行逐一分析是有难度的。正因为如此,本书撷取了与中国战略利益密切相关且在安全方面具有代表性的马六甲海峡以及可能对未来中国经济社会产生重要影响的北极航道为样本,对其中影响航运安全的法律问题进行分析,如沿海国对《联合国海洋法公约》的扩大解释导致的国际海峡使用权利义务争论,海盗、海上恐怖主义对海上航运的威胁,域外大国对海峡的军事干预,主权争夺下的航道性质争议以及可能对航行造成不恰当限制的制度壁垒等。通过对上述法律问题的分析,从法理上提出了解决上述安全挑战的途径,以期能对中国的海上通道安全有所助益。

　　此外,海上航运安全的公共属性与国家利益属性之间的冲突和平衡,是海上通道自身多元属性所折射出的安全核心问题。海上通道同国际空间一样是"国际公共产品",这种"公共"属性决定了各国在解决海上航运及海上通道安全问题上其利益关系并非"零和",而更体现为一种双赢的关系,一味的单边主义是行不通的。事实上,国际社会在打击海盗、海上恐怖主义行为上保持了高度的利益一致性,于是有人将这部分安全问题称为"低敏度"安全问题,在这些问题上较容易形成共识、实现国际合作。海上通道的另一属性即高度的国家利益属性也是海上通道安全法律问题研究中不可忽略的部分。"国际法具有两大维度——利益和观念"[①],无论是个人还是国家都是"利己"的主体,在利益的维度下国家追求自身的海上航运安全最大化是必然选择。在本书中所涉及的法律问题,如沿海国和使用国在海峡法律地位、海峡使用的权利义务问题上的争议都无不体现了这种"利己主义"。当然我们不能偏狭地对此进行观念上的评判,因为这些国家行为都是各国在现实主义和制度主义国际关系理论支持下的理性选择。那么这一组矛盾在海上航运安全问题上如何实现平衡呢？本书认为,公平和有效地分配及利用海洋权利是解决上述问题所应确立的原则。这一原则主张当沿海国和任何其他一国或数国之间发生利益冲突时,要在公平的基础上参照相关具体情况,并考虑所涉利益的分布对有关各方和整个国际社会的重要性来进行平衡。从这一法律问题的现状来看,想要在短时期内建立一个专门的调整海上航运安全的统一国际机制具有相当的难度,在反对以单边方式处理国家间海上通道安全的法律争议的前提下,采用合理公平的标准,积极促进各国在相关安全问题上达成共识。同时对亟须解决的安全问题,可根据具体情形进行"一事一协议"的协商合作也不失为一种可行的方法。当然,我们更为关心的是在当前复杂的外部环境下,中国采取怎样的姿态从国际法层面维护本国的海上航运安全利益。事实上,当代国际关系的发展和国际法规则的订立是"现实利益观"和"合作利益观"相互博弈和影响的过程。海上航运安全关乎中国海上安全和国家核心利益,对中国实际利益而言其国家属性要大于其所体现出的公共属性。在不主动破坏现有国际法律规定的前提下,以现实主义国家利益观为主要指导最大限度地保障我国海上通道安全无疑是最为实际而必要的。"光有法律而没有力量就得不到公正;法律的合理与否不取决于力量,但其有效性要由后者赋予。"[②]

---

① K.W. Abbott & D. Snidal. Value and Interests: International Legalization in the Fight against Corruption. *Journal of Legal Studies*, 2002, Vol.31, p.143.
② 马汉:《海权论》,同心出版社2012年版,第36页。

参考文献

一、中文文献

（一）资料类

[1] 刘振民：《海洋法基本文件集》，海洋出版社2002年版。

[2] 薛波主编：《元照英美法词典》，法律出版社2003年版。

[3] 夏登峻：《英汉法律词典》，法律出版社2007年第3版。

[4] 庾源澄：《英汉海洋法和海洋事务词汇》，海洋出版社1988年版。

[5] 中国社会科学院语言研究所词典编辑室：《现代汉语词典》，商务印书馆2016年版。

[6] 中华人民共和国海事局：《联合国海洋法公约》，人民交通出版社2004年版。

（二）中文著作类

[1] 白桂梅、李红云：《国际法参考资料》，北京大学出版社2002年版。

[2] 陈德恭：《现代国际海洋法》，海洋出版社2008年版。

[3] 从文胜：《战争法：原理与实用》，军事科学出版社2003年版。

[4] 傅惠军、岳胜军：《信息时代的国防政策》，国防大学出版社2006年版。

[5] 冯梁：《中国的和平发展与海上安全环境》，世界知识出版社2010年版。

[6] 傅崐成：《海洋法专题研究》，厦门大学出版社2004年版。

[7] 傅崐成编校：《海洋法相关公约及中英文索引》，厦门大学出版社2005年版。

[8] 高健军：《中国与国际海洋法》，海洋出版社2004年版。

[9] 郭琨编：《海洋手册》，海洋出版社1984年版。

[10] 郭培清等：《北极航道的国际问题研究》，海洋出版社2009年版。

[11] 干焱平：《中国的海洋国土》，海洋出版社1998年版。

[12] 何树才：《外国海军军事思想》，国防大学出版社2007年版。

[13] 黄异：《海洋秩序与国际法》，学林文化事业有限公司2000年版。

[14] 韩振华等：《我国南海诸岛史料汇编》，东方出版社1988年版。

[15] 金永明：《海洋问题专论》（第1~2卷），海洋出版社2011年版。

[16] 梁芳：《海上战略通道论》，时事出版社2011年版。

[17] 李浩培：《条约法概论》，法律出版社2002年版。

[18] 陆俊元：《北极地缘政治与中国应对》，时事出版社2010年版。

[19] 刘仁山、尹生、简基松等：《国际恐怖主义法律问题研究》，中国法制出版社2011年版。

[20]刘惠荣、李浩梅:《国际法视角下的中国北极航线战略研究》,中国政法大学出版社2019年版。

[21]李文沛:《国际海洋法之海盗问题研究》,法律出版社2010年版。

[22]陆卓明:《世界经济地理结构》,北京大学出版社2010年版。

[23]邵沙平主编:《国际法》,中国人民大学出版社2010年第2版。

[24]沈伟烈、陆俊元主编:《中国国家安全地理》,时事出版社2001年版。

[25]王铁崖主编:《国际法》,法律出版社1995年版。

[26]王文龙:《世界重要战略地区军事地理》,国防工业出版社2005年版。

[27]王燕飞:《恐怖主义犯罪立法比较研究》,中国人民公安大学出版社2006年版。

[28]夏保成:《美国公共安全管理导论》,当代中国出版社2006年版。

[29]希金斯:《海上国际法》,海洋出版社1957年版。

[30]庾源澄:《英汉海洋法和海洋事务词汇》,海洋出版社1988年版。

[31]杨泽伟:《国际法》,高等教育出版社2007年版。

[32]中国现代国际关系研究院海上通道安全课题组:《海上运输通道安全与国际合作》,时事出版社2005年版。

[33]张海文、贾宇、吴继陆等:《〈联合国海洋法公约〉图解》,法律出版社2009年版。

[34]朱利江:《对国内战争罪的普遍管辖与国际法》,法律出版社2007年版。

[35]张湘兰、张辉:《国际海事法新发展》,武汉大学出版社2012年版。

[36]郑雷:《极地环境治理的国际法问题研究》,人民交通出版社2017年版。

(三)译著类

[1][澳大利亚]普雷斯科特:《海洋政治地理》,王铁崖、邵津译,商务印书馆1978年版。

[2][荷]格劳秀斯:《论海洋自由或荷兰参与东印度贸易的权利》,马忠法译,张乃根校,上海人民出版社2005年版。

[3][美]温都尔卡·库芭科娃、尼古拉斯·奥鲁夫、保罗·科维特:《建构世界中的国际关系》,肖锋译,北京大学出版社2006年版。

[4][英]马尔科姆·N.肖:《国际法》(第6版),白桂梅、高健军、朱利江等译,北京大学出版社2011年版。

[5][英]詹宁斯:《奥本海国际法》(第1卷第2分册),王铁崖、陈体强译,商务印书馆1998年版。

(四)中文论文

[1]白中红:《论海上能源通道安全的国际法基础》,载《太平洋学报》2009年第12期。

[2]冯梁、张春:《中国海上通道安全及其面临的挑战》,载《国际问题论坛》(秋季号)总第48期。

[3]郭培清、管清蕾:《北方海航道政治与法律问题探析》,载《中国海洋大学学报(社会科学版)》2009年第4期。

[4]龚迎春:《马六甲海峡使用国合作义务问题的形成背景及现状分析》,载《外交评论》2006年第2期。

[5]黄瑶:《论国际反恐法的范畴》,载《吉林大学社会科学学报》2010年第9期。

[6]马忠法:《〈海洋自由论〉及其国际法基础》,载《复旦学报(社会科学版)》2003年第5期。

[7]邵津:《专属经济区和大陆架的军事利用的法律问题》,载《中国国际法年刊》1985年。

[8]王历荣:《国际海盗问题与中国海上运输通道安全》,载《当代亚太》2009年第6期。

[9]王秋玲:《国际公约中海盗罪的修改和完善》,载《中国海商法年刊》2008年第1期。

[10]薛力:《马六甲海峡海盗活动的趋势与特征:一项统计分析》,载《国际政治研究》2011年第2期。

[11]俞可平:《全球治理引论》,载《马克思主义与现实》2002年第1期。

[12]赵秉志、阴建峰:《论惩治恐怖活动犯罪的国际国内立法》,载《法制与社会发展》2003第6期。

[13]邹立刚:《保障我国海上运输通道安全研究》,载《法治研究》2012年第1期。

[14]张侠、刘玉新、凌晓良等:《北极地区人口数量、组成与分布》,载《世界地理研究》2008年第4期。

[15]赵建文:《联合国海洋法公约对中立法的发展》,载《法学研究》1999年第4期。

[16]朱华友、鞠海龙:《南海航行安全对世界经济的影响》,载《南洋问题研究》2006年第3期。

[17]褚艳阳:《外国军舰在领海的无害通过权》,载《法制与社会》2012年第1期。

[18]张湘兰:《南海打击海盗的国际合作法律机制研究》,载《法学论坛》2010年第5期。

[19]张湘兰、郑雷:《论海上恐怖主义对国际法的挑战与应对》,载《武汉大学学报(哲学社会科学版)》2009年第2期。

[20]张湘兰、郑雷:《境外打击海盗的若干法律问题研究》,载《武汉理工大学学报》2009年第3期。

(五)硕士、博士学位论文

[1]陈敬明:《海盗罪研究》,大连海事大学2011年博士学位论文。

[2]管清蕾:《北方海航道的政治与法律研究》,中国海洋大学2010年硕士学位论文。

[3]李斌:《国际战略通道研究》,中央党校2005年博士学位论文。

[4]吴春庆:《构建亚太地区海上通道安全合作的法律框架》,厦门大学2009年硕士学位论文。

[5]白祖成:《信息不完备与知识不确定条件下风险评估与决策支持研究及其海上战略支点应用示范》,国防科技大学2018年博士学位论文。

二、英文文献

(一)外文著作

[1]ACIA., *Impacts of a Warming Arctic: Arctic Climate Impact Assessment*, Cambridge University Press, 2004.

[2]Barry Har Dubner, *The Law of International Sea Piracy*, Nijhiff, 1980.

[3]Brian Michael Jenkins, *The Study of Terrorism: Definitional Problem*, Rand Corp, 1980.

[4]Bruce Elleman and S.C.M. Paine (eds), *Naval Blockades and Seapower: Strategies and Counter-Strategies*, 1805-2005, Routledge, 2006.

[5]David Anderson, *Modern Law of The Sea Selected Essays*, Martinus Nijhoff Publishers, 2008.

[6]Christian Meurer, translated by Leo J. Frachtenberg, *The Program of the freedom of the Sea—A Political Study in International Law*, Washington Government Printing Office, 1919.

[7]David L. Vanderszwaag and Cinthia Lamson (eds.), *The Challenge of Arctic Shipping: Science, Environmental Assessment, And Human Values*, McGill-Queen's University Press, 1990.

[8]George J. Demko and William B. Wood, *Reording the World: Geopolitical Perspectives on the 21st Century (2nd edition)*, Westview Press, 1999.

[9]Hance D. Smith, *The Oceans: Key Issues in Marine Affairs*, Kluwer Academic Publishers, 2004.

[10]Ian Brownlie, *Principles of Public International Law*, 7th Ed. Oxford University Press, 2008,

[11]Kwa Chong Guan and John K. Skogan, *Maritime Security in Southeast Asia*, Routledge Taylor&Franis Group, 2009.

[12]Maria Gavouneli, *Functional Jurisdiction in the Law of the Sea*, Martinus Nijhoff Publishers, 2007.

[13]Martin N. Murphy, *Small Boats, Weak States*, Dirty Money: The Challenge of Piracy, Columbia University Press, 2009.

[14]Myron H. Nordquist, Tommy T.B. Koh and John Norton Moore, *Freedom of Seas, Passage Rights and the 1982 Law of the Sea Convention*, Martinus Nijhoff Publishers, 2009.

[15]Natalie Klein, *Maritime Security and the Law of the Sea*, Oxford University Press, 2011.

[16]P.O'Conell, *The International Law of the Sea*, Clarendon Press, 1984.

[17]Shicun Wu and Keyuan Zou, *Maritime Security in the South China Sea: Regional Implications and International Cooperation*, Routledge, 2009.

[18]United States of Department, Statement on Government of Canada's Bill on Limits of the Territorial Sea, Fishers and Pollution, *International Legal Materials*, 1970, No.9.

[19]Sam Bateman, RalfEmmers, *Security and International Politics in the South China Sea: Towards a Cooperative Management Regime*, Routledge Security in Asia Pacific Series, 2009.

[20]Murphy, Martin N., Contemporary Piracy and Maritime Terrorism, *Adelphi Series*, 2007, Vol.47.

[21]Myron H.Nordquist(ed), *United Nations Convention on the Law of the sea* 1982: *A Commentary*, Martinus Nijhoff, 1993, Vol.2.

(二)外文论文

[1]Adam J. Young, Roots of Contemporary Maritime Piracy in Southeast Asia, In Piracy In Southeast Asia: Status, Issues, and Responses, *Institute of Southeast Asian Studies*, 2005.

[2]Aldo Chircop, The Growth of International Shipping in the Arctic: Is a Regulatory Review Timely?, *The International Journal of Marine and Coastal law*, 2009, Vol.9.

[3]Andreas Graf, Countering Piracy and Maritime Terrorism in South East Asia and off the Horn of Afria—Applying the lessons learned from the Countermeasures against Maritime Violence in the Strait of Malacca to the Gulf of Aden, *Pirat-Working Papers on Maritime Security*, No.5, April 2011.

[4]Anne Bardin, Coastal State's Jurisdiction over Foreign Vessels, *Pace International Law Review*, Spring 2003.

[5]Anthony Davis, Police Interdict Arms Traffic to Aceh, *Jane's Intelligence Review*, 1 Apr, 2004.

[6]Armin von Bogdandy, Philipp Dann, Matthias Goldmann, Developing the Publicness of Public International Law: Towards a Legal Framework for Global Governance Activities, *German Law Journal*, 2008.

[7]Ashley J.Tellis and Travis Tanner (eds.), Strategic Asia 2012-2013: China's Military Challenge, *The National Bureau of Asian Research*, 2012.

[8]Bilveer Singh, Security of the Sea Lanes of Communications (SLOCs) in the Asia-Pacific Region in the Post-Cold War Era, *Asia's Security Challenges*, Nova Science Publisher Inc,1998.

[9]Barret Weber, Increased Shipping in the International Arctic? An Overview, *Journal of Maritime Law and Commerce*, July, 2012.

[10]Basiron. M.N., Hooi.T.K., The Environmental Impact of Increased Vessel Traffic in the Strait of Malacca and Singapore, *MIMA Bulletin*, 2007, Vol.14.

[11]Basiron. M.N., Anatomy of an Oil Spill, *MIMA Bulletin*, 2010,Vol.17.

[12]Beckman R., Combating Piracy and Armed Robbery Against Ships in Southeast Asia: The Way Forward, *Ocean Development and International Law*, 2002, Vol.33.

[13]Bjørn Møller, Piracy, Maritime Terrorism and Naval Strategy, Danish Institute for International Studies Report, 2009.

[14]Brian M. Linn and Russell F.Weigley, The American Way of War' Revisited, *Journal of Military History*, April 2002.

[15]Brooke A.Bornick, Comment, Bounty Hunters and Pirates: Filling the Gaps in the 1982 U.N. Convention on the Law of the Sea, *Florida Journal of International Law*, Mar, 2005, Vol.17.

[16]Bruce Blair, ChenYali, and Eric Hagt, *The Oil Weapon: Myth of China's Vulnerability*, China Security, the World Security Institute, Summer 2006.

[17]Bruno Waterfield, *Somalia Pirates Embrace Capture as Rout to Europe*, Telegraph, May 19, 2009.

[18]Carrie R. Woolley, Piracy and Sovereign Rights: Addressing Piracy in the Straits of Malacca Without Degrading the Sovereign Rights of Indonesia and Malaysia, *Santa Clara Journal of International Law*, 2010, Vol.2.

[19]Caitlin Campbell, *China and the Arctic: Objectives and Obstacles*, U.S.-China Economic and Security Review Commission Staff Research Report, 2012.

[20]Aldo Chircop, Particularly Sensitive Sea Areas and International Navigation Rights: Trends, Controversies and Emerging Issues, *Issues in International Commercial Law*, 2005.

[21]Christopher C. Joyner, The International Ocean Regime at the New Millennium: a Survey of the Contemporary Legal Order, *Ocean & Coastal Management*, 2000, Vol.43.

[22]Christopher Young, Balancing Maritime Security and Freedom of Navigation on the High Seas: a Study of the Multilateral Negotiation Process in Action, *University of Queensland Law Journal*, 2005.

[23]C.L. Ragner (ed.), The 21st Century: Turning Point for the Northern Sea Route? Proceedings of the The Northern Sea Route User Conference, Kluwer, 2000.

[24]Côté, F., Dufresne, R., The Arctic: Canada's Legal Claim, Ottawa, Library of Parliament, 2008.

[25]David H. Andersons, Funding and Managing International Partnerships for the Malacca and Singapore Straits, Consonant with Article 43 of the UN Convention on the Law of the Sea, Singapore *Journal of International and Comparative Law*, 1999, Vol.3.

[26]Dillon D., Maritime Piracy: Defining the Problem 25 (1) SAIS Review 2005, International Maritime Organization Piracy Reports.

[27]Donat Pharand, The Northwest Passage in International Law, *Canada Year Book of International Law*, 1979.

[28]Dr.H.Deggim, Report: Development of a Mandatory Polar Code—Update on Progress, 2011.

[29]Dyke, J.M.V., Transit Passage Through International Straits. Chircop A., McDorman T.L., Rolston S.J. (eds.), The Future of Ocean Regime-Building: Essays in Tribute to Douglas M. Johnston, Martinus Nijhoff Publishers, 2009.

[30]Erik Bruel, *International Straits*, Sweet and Maxwell, Ltd., 1947.

[31]Erik Franckx, Scholars' Community Responses to Agora: Military Activities in the EEZ American and Chinese Views on Navigationl Rights of Warships, *Chinese Journal of International Law*, March, 2011.

[32] Ethan A. Nadelman, Global Prohibition regimes: The Norms in International Society, *International Organization*, 1992, Vol.44.

[33] Gabriel B. Collins and Wiliam S. Murray, No Oil for the Lamps of China, *Naval War College Review*, Spring 2008, Vol.61.

[34] George R. Constantinonple, Towards a New Definition of Piracy: The Achille Lauro Incident, *Virginia Journal of International Law*, 1986, Vol.26.

[35] Hannah E. King, Protecting the Northwest Passage: Assessing the Threat of Year-Round Shipping to the Marine Ecosystem and the Adequacy of the Current Environmental Regulatory Regimes, *Ocean & Coastal Law Journal*, 2008, Vol.14.

[36] Harvard Research in InternationalLaw, Draft Convention on Piracy, *American Journal of International Law*, 1982.

[37] Harold W. Gehman Jr, Lost Patrol: The Attack on the USS Cole, *US Naval Institute Proceedings*, 2001, Vol.1227.

[38] Helmut Tuerk, Combating Terrorism at Sea-The Suppression of Unlawful Acts Against the Safety of Maritime Navigation, in *Legal Challenges in Maritime Security*, Brill & Nijhoff Press, 2008.

[39] Hilderando Accioly, Freedom of River Navigation in Time of War, *Iowa Law Review*, 1933, Vol.19.

[40] Hossein Esmaeili, The Conflict Between the Establishment and Operation of Offshore Oil Installations, Navigation and Other Uses of the Sea in International Law, *International Energy Law & Taxation Review*, 2011.

[41] Hugh Ritchie, *The Navicert System During the World War*, Carnegie Endowment for International Peace, 1938.

[42] IMO, Resolution A. 927(22). Guidelines For The Designation of Special Areas Under MARPOL 73/78 And Guidelines For The Identification And Designation of Particularly Sensitive Sea Areas, IMO, 2002.

[43] James Gathii, Kenya's Piracy Prosecutions, *American Journal of International Law*, 2010.

[44] Jeffrey Gettleman, Rounding up Suspects, the West Turns to Kenya as Piracy Criminal Court, *New York Times*, Apr. 24, 2009,

[45] Joshua M. Goodwin, Universal Jurisdiction and the Pirate: Time for an Old Couple to Part, Vanderbilt Journal of Transnational Law, 2006, Vol.39, Issue 3.

[46] Katarzyna Zysk, Military Aspects of Russia's Arctic Policy: Hard Power and Natural Resource, in *Arctic Security in a Age of Climate Change*, James Kraska(ed.), Cambridge University Press, 2011.

[47] LCDR Jon D. Peppetti, JAGC, USN, Building the Global Maritime Security Network: A

Multinational Legal Structure to Combat Transnational Threats, *Naval Law Review*, 2008.

[48]Malte Humpert, The Future of the Northern Sea Route: A "Golden Waterway" or a Niche Trade Route, The Arctic Institute Center for Circumpolar Security Studies, October 3, 2011.

[49]Manjiao Chi, Finding out the "Achilles Heels": Piracy Suppression under International Law and Chinese Law, *Journal of East Asia and International Law*, 2012, Vol.7.

[50]Matt Roston, The Northwest Passage's Emergence as An International Highway, *Southwestern Journal of International Law*, 2008, Vol.15.

[51]M. Halberstam, Terrorism on the High Seas: the Archille Lauro, Piracy and the IMO Convention on Maritime Safety, *American Journal of International Law*, 1988.

[52]Joshua H. Ho, The Security of Sea Lanes in Southeast Asia, *Asian Survey*, Vol.25, No.1 Vol.XLVI, No. 4, July/August 2006.

[53]Milena Sterio, The Somali Piracy Problem: A Global Puzzle Necessitating a Global Solution, *American University Law Review*, 2010.

[54]Mohd Hazmi Bin Mohd Rusli, Protecting Vital Sea Lanes of Communication: A Study of the Proposed Designation of the Strait of Malacca and Singapore as a Particularly Sensitive Sea Area, *Ocean & Coastal Management*, 2012, Vol.57.

[55]Michael Richardson, A Time Bomb for Global Trade: Maritime related Terrorism in an Age of Weapons of Mass Destruction, Singapore: Institute of Southeast Asian Studies, 2004.

[56] Satya N. Nandan & D.H. Anderson, Straits Used for International Navigation: A Commentary on Part III of the United Nations Convention on the Law of the Sea 1982, in Hugo Caminos(ed.), *Law of the Sea*, Routledge, 2001.

[57]Sean Mirski, Stranglehold: The Context, Conduct and Consequences of an American Naval Blockade of China, *Journal of Strategic Studies*, 2013.

[58]Myron H. Nordquist, *United Nations Convention on the Law of the Sea* 1982: *A Commentary*, Martinus Nijhoff, 1993, Vol.2.

[59]Peter Chalk, Maritime Terrorism in the Contemporary Era: Threat and Potential Future Contingencies, The MIPT Terrorism Annual 2006. MIPT Press, 2006. (MIPT 全称为: National Memorial Institute for the Prevention of Terrorism)

[60]Philipp Wendel, State Responsibility for Interferences with the Freedom of Navigation in Public International Law, Springer, *Hamburg Studies on Maritime Affairs*, 2007, Vol.11.

[61]Peter G. Pamel and Rohbert and C. Wilkins, Challenges of Northern Resource Development and Arctic Shipping, *Journal of Energy & Natural Resources Law*, 2011, Vol.29.

[62]Prakash, Metaparti Satya, Maritime Terrorism: Threats to Port and Container Security and Scope for Regional Cooperation, Paper presented at the 12th Meeting of the Council for Security and Cooperation in the Asia-Pacific (CSCAP) Working Group on Maritime Cooperation, Singapore, 10-11 December, 2002.

[63] Proposed Amendments to Assembly Resolution A. 927(22) to Strengthen and Clarify the Guidelines for the Identification and Designation of Particularly Sensitive Areas, Submitted by the United States, IMO/MEPC 52/8, 9 July 2004.

[64] Puspitawati D., The East/West Archipelagic Sea Lanes Passage through the Indonesian Archipelago, *Maritime Studies*, 2005.

[65] Roger W. Barnett, Technology and Naval Blockaed: Past Impact and Future Prospects, *Naval War College Review*, Summer 2005, Vol.58.

[66] Rosemary Collins and Daud Hassan, Applications and Shortcomings of the Law of the Sea in Combating Piracy: A South East Asian Perspective, *Journal of Maritime Law & Commerce*, 2009, Vol.40.

[67] Rommel C. Banlaoi, The Abu Sayyaf Group: Threat of Maritime Piracy and Terrorism, *Violence at Sea: Piracy in the Age of Global Terrorism*, Routlege, 2007.

[68] Sean Mirski, Stranglehold: The Context, Conduct and Consequences of an American Naval Blockade of China, *Journal of Strategic Studies*, 2013.

[69] Donna Sinopoli, Piracy—A Modern Perspective, *Queensland University of Technology Law Review*, 1998.

[70] Smith L.C. and Stephenson S. R., New Trans-Arctic Shipping Routes Navigable by Mid-century, *Proceedings of the National Academy of Sciences*, 2013.

[71] State's Burns at World Affairs Councils on U.S. Foreign Policy, Washington File, November 7, 2011.

[72] McDorman T.L., In the Wake of the Polar Sea: Canadian Jurisdiction and the Northwest Passage, *Marine Policy*, 1986, No.10.

[73] W. L. Schachte, Jr, and J. Peter, International Straits and Navigational Freedoms, *Virginia Journal of International Law*, 1993.

[74] W.L. Schachte, The Value of the 1982 UN Convention on the Law of the Sea-Preserving Our Freedom and Protection the Environment, *Ocean Development & International Law*, 1992, No.23.

[75] Wolff Heintschel von Heinegg, The Law of Naval Warfare and International Straits, *International Law Studies Series*, 1998, Vol.71.

[76] W. φstreng, The International Northern Sea Route Programme (INSROP): Application Lessons Learned, Polar Record, 2006, Vol.42.

[77] Y. Ivanov, A Ushakov and A. Yakovlev, *Current Use of the Northern Sea*, INSROP Working Paper, 1998, No.96, IV.1.

[78] Young A. & Valencia M., Conflation of Piracy and Terrorism in South East Asia: Rectitude and Utility, *Contemporary Southeast Asia*, 2003, Vol.25.

[79] Zhang Haiwen, Is it Safeguarding the Freedom of Navigation or Maritime Hegemony of

the United States? —Comments on Raul(pete) Pedrozo's Article on Military Activities in the EEZ, *Chinese Journal of International Law*, March, 2010.

(三)报告

[1] Annual Report to Congress: Military and Security Developments Involving the People's Republic of China 2012, Washington DC: Department of Defense 2012.

[2] Arctic Council, Arctic Marine Shipping Assessment 2009 Report.

[3] Evaluation of the Wadden Sea Particularly Sensitive Sea Area (PSSA) Final Report, by Southampton Solent University, January, 2010.

[4] IMB, ICC Global Piracy Report 2001.

[5] IMB, ICC Global Piracy Report 2011.

[6] IMO, Polar Code Hazard Identification Workshop Report, No.V1, 2011.

[7] ReCAAP, ISC Annual Report 2017.

[8] ReCAAP, ISC Annual Report 2018.

[9] ReCAAP, Piracy and Armed Robbery Against Ships in Asia Annual Report 2018.

[10] ReCAAP, Insights of Incidents by Locations Using Data Analytics 2018.

[11] ReCAAP Report 2023.

[12] WTO, World Trade Report 2017.

[13] WTO, World Trade Report 2018.

[14] UNCTD, Review of Maritime Transport 2020.

[15] UNCTD, Review of Maritime Transport 2023.

(四)国际法案例

[1] Case Concerning Military And Paramilitary Activities In And Against Nicaragua (Nicaragua v. United States of America) [1986] I.C.J. Rep. 14.

[2] S.S. Wimbledon (U.K. v. Japan), 1923 P.C.I.J. (ser. A) No. 1 (Aug. 17).

[3] The Corfu Channel Case (United Kingdom v. Albnia), [1949] I.C.J. Rep.4.